WE LOVE RUBBERBANDS!

› Armbänder, Charms und Schmuck selbst geknüpft

DAS IST DRIN:

SO GEHT'S

MIT LOOM

für Einsteiger

MIT LOOM

für Profis

OHNE LOOM

Easy

OHNE LOOM

für Fortgeschrittene

DAS IST DER LOOM

COOLER KNÜPFRAHMEN!

Stelle deinen Loom wie abgebildet vor dich auf den Tisch, um die Gummiringe aufzuziehen. Wir haben die Stifte auf dem Loom von 1 bis 13 nummeriert und die Reihen wie folgt benannt:

Drehst du den Loom um, liegen die zuletzt aufgezogenen Gummiringe direkt vor dir.
Die Nummerierung beginnt dann wieder unten mit der 1.

linke Reihe = L
mittlere Reihe = M
rechte Reihe = R

Die Modelle dieses Buches sind nach aufsteigendem **Schwierigkeitsgrad** sortiert. Es ist also sinnvoll, mit den Modellen vorne im Buch anzufangen und sich zu den schwierigeren Modellen durchzuarbeiten.

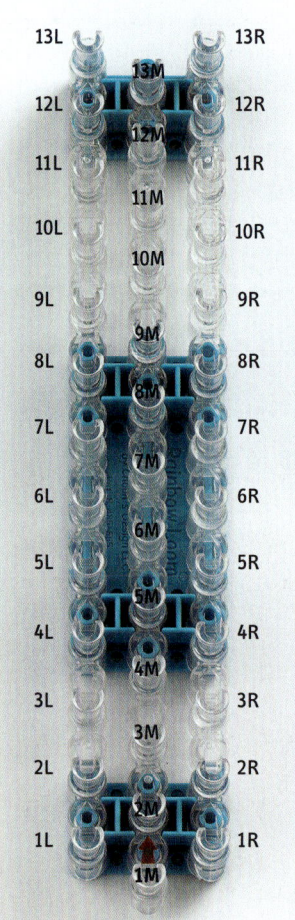

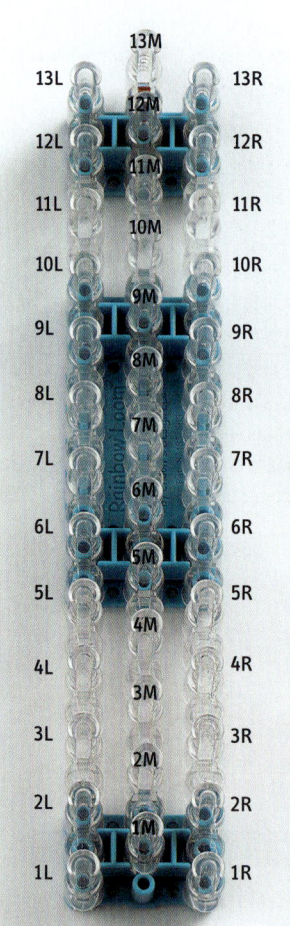

BASIC-ARMBAND

AUF DEM LOOM

DAS BRAUCHST DU: 13 Gummiringe in Grün • 12 Gummiringe in Rot • Verschlussclip • Loom • Häkelnadel

1 Lege einen grünen Gummiring über 1M und ziehe ihn nach schräg rechts über 1R.

2 Lege einen roten Gummiring über den zuletzt verwendeten Stift (1R) und ziehe ihn über den schräg links darüber liegenden Stift (2M).

3 Nun nimmst du wieder einen grünen Gummiring und ziehst ihn von 2M auf 2R. So geht es im Zickzack weiter. Achte darauf, dass du mit dem nächsten Gummi immer am zuletzt verwendeten Stift beginnst und dich so jeweils einen Stift weiter von dir weg arbeitest.

4 Wenn du am Ende des Looms angekommen bist, legst du den letzten roten Gummiring von 12R nach 13M. Der letzte Stift der rechten Reihe (13R) bleibt frei.

5 Nun ist noch ein grüner Gummi übrig. Lege diesen doppelt und ziehe ihn über den letzten mittleren Stift (13M). Schiebe alle Gummiringe auf den Stiften etwas nach unten.

6 Drehe den Loom um 180°.

7 Verknüpfen: Dafür führst du die Häkelnadel von oben so in die Rille des ersten mittleren Stiftes (1M), dass

der Haken der Nadel von dir wegzeigt. Führe den Haken unter den beiden grünen Gummis nach außen und greife den darunterliegenden roten Gummi. Dabei kannst du mit dem Rücken des Häkelhakens die oberen Gummis etwas nach außen drücken, sodass du den darunter liegenden roten Gummiring greifen kannst.

8 Ziehe den roten Gummi durch den Stift nach oben, sodass er sich vom Stift löst, ...

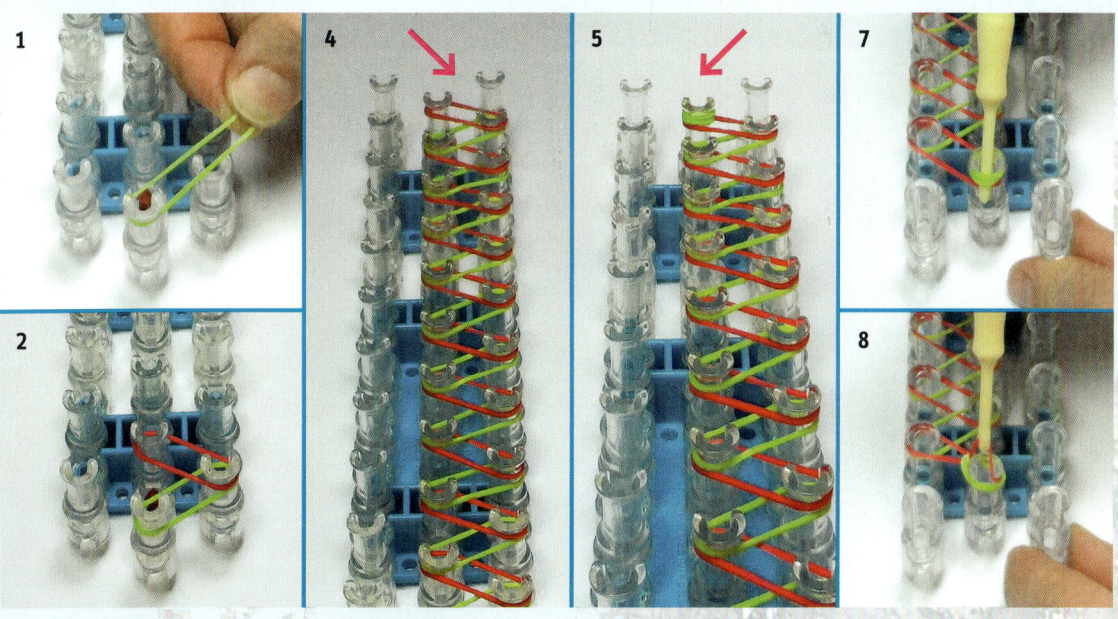

9 ... und dann nach links oben über den Stift, auf dem die andere Hälfte dieses Gummirings liegt (hier 2L). Achte darauf, dass du den Gummi dabei nicht verdrehst. Eventuell musst du den oberen grünen Gummiring auf 1M ein bisschen festhalten, damit er dir nicht vom Stift rutscht.

10 Führe die Nadel in den Stift, über den du gerade das Gummiband gelegt hast (hier 2L), greife den grünen Gummiring unter den beiden roten Gummis, ziehe ihn nach oben heraus ...

11 ... und dann nach rechts oben. Lege ihn über den Stift, auf dem sich schon die andere Hälfte dieses Gummis befindet (hier 2M).

12 Wiederhole die Schritte 8–11 mit den Gummis auf den nächsten Stiften. Achte darauf, dass du die Häkelnadel immer in den Stift einführst, auf den du den letzten Gummiring gehoben hast, sonst verknüpfen sich die Gummiringe nicht miteinander.

13 Ziehe die beiden grünen Gummis, die auf 13M liegen, etwas mit den Fingern nach außen und hänge die eine Seite des Verschlussclips ein.

14 Halte nun den Clip gut fest und ziehe das Band Stift für Stift nach oben vom Loom ab.

15 Nun hakst du die beiden grünen Gummis am anderen Ende des Armbands in den Verschlussclip ein.

16 Fertig!

WICHTIG!

Achte darauf, dass du die Häkelnadel und den Gummiring innerhalb des Stifts und der darüber liegenden Gummis (nicht außerhalb!) durch die Rille des Stifts nach oben führst.

AHA!

Wenn dir dieses Armband mit 25 Gummiringen zu lang ist, kannst du einfach beliebig viele Gummiringe am Ende des Looms weglassen, also einfach einige Stifte nicht benutzen.

HÄKELEI

EINSTEIGER-BAND

DAS BRAUCHST DU: je 13 Gummiringe in Pink und Lila • Verschlussclip • Häkelnadel

1 Das ist die „to go"-Technik, denn eine Häkelnadel passt in jede Tasche! Lege einen pinkfarbenen Gummiring auf die Häkelnadel.

2 Verbinde die beiden Gummischlingen unter der Häkelnadel mit dem Verschlussclip.

3 Ziehe einen zweiten Gummiring (hier lila) über deinen linken Zeigefinger und fasse ihn mit der Häkelnadel.

4 Ziehe das eine Ende des Gummirings mit der Häkelnadel durch die beiden Schlingen des ersten Gummis.

5 Greife das andere Ende, das auf deinem Finger liegt, so mit der Häkelnadel, dass beide Schlaufen des Gummirings auf der Nadel liegen.

6 Ziehe den dritten Gummi (hier pink) ebenso mit der Häkelnadel durch den letzten Gummiring. Greife die zweite Schlaufe mit dem Häkelhaken und ziehe den Gummiring auf die Häkelnadel.

7 Wiederhole Schritt 3–6 fortlaufend, abwechselnd mit pink- und lilafarbenen Gummiringen.

8 Sind alle Gummis verarbeitet, hakst du den Verschlussclip in die beiden Schlaufen des letzten (hier lila) Gummirings. Achte darauf, dass du wirklich beide Schlaufen einhakst, weil sich sonst dein Armband wieder auftrennt!

9 Fertig!

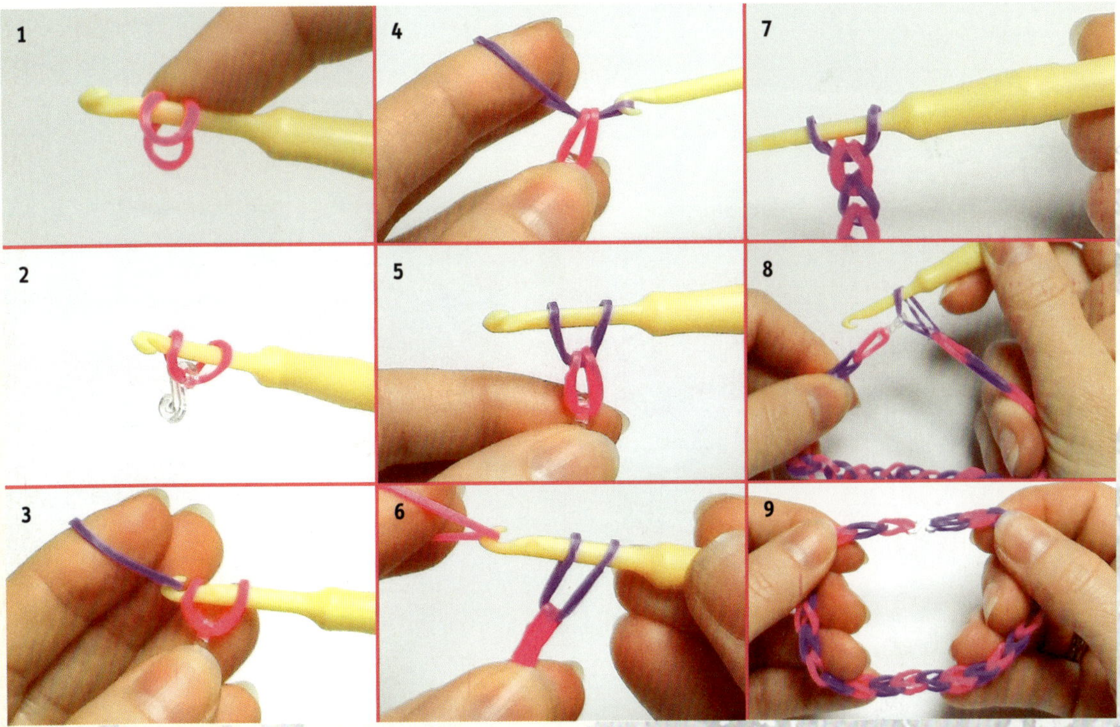

VERLÄNGERUNG

AUF DEM LOOM

1 Ziehe das eine Ende des letzten Gummirings mit der Häkelnadel durch alle Gummiringe auf dem letzten Stift (wenn nicht anders angegeben, dann 13M).

2 Beide Schlaufen liegen auf der Nadel. Nun ziehst du das Armband vom Loom.

3 Ziehe acht farblich zu deinem Armband passende Gummiringe auf den Loom (siehe Schritt 1–3 beim Basic-Armband).

4 Hebe die beiden Schlaufen, die auf der Häkelnadel liegen, auf den letzten mit Gummis belegten Stift (hier 5M) und ziehe sie auf den Stift nach rechts oben (hier 5R). Das Armband liegt nun neben dem Loom.

5 Jetzt drehst du den Loom um, führst die Häkelnadel in den ersten mittleren mit Gummis belegten Stift und knüpfst, wie in den Schritten 7–11 beim Basic-Armband beschrieben.

6 Wiederhole diese Schritte solange, bis du den letzten Gummiring vom letzten linken Stift zum letzten mittleren gehoben hast.

7 Ziehe die beiden letzten Schlaufen, die auf 13M liegen, etwas mit den Fingern nach außen und hänge die eine Seite des Verschlussclips ein. Nun kannst du die Armband-Verlängerung vom Loom ziehen.

8 Hänge auch die beiden Schlaufen am Anfang des Armbandes in den Verschlussclip ein.

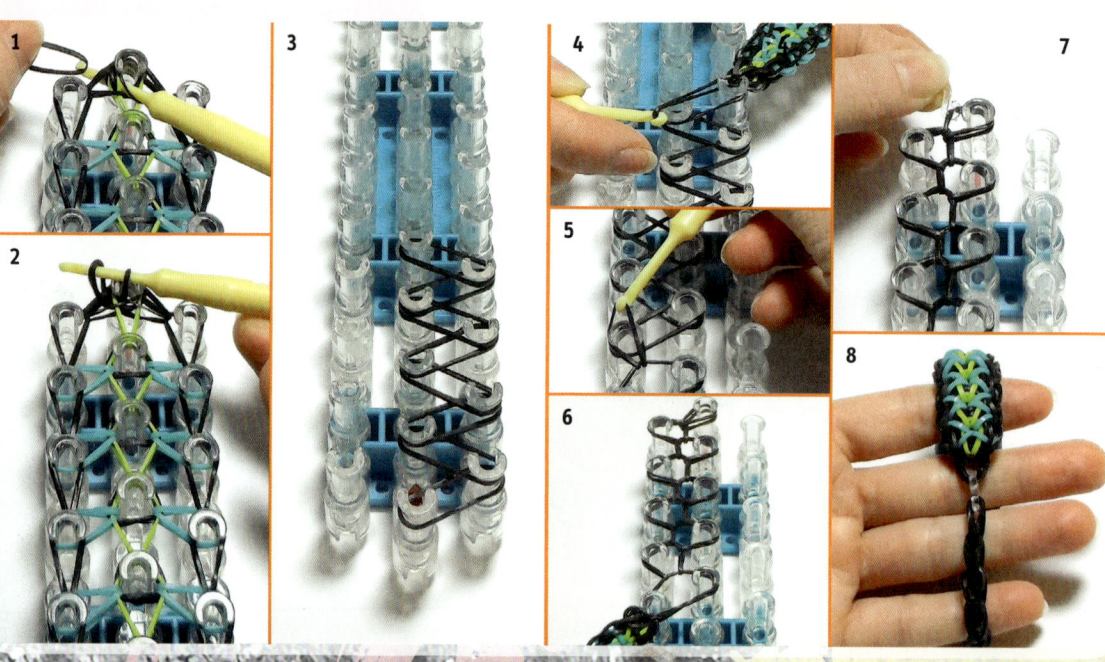

GABEL & DOPPELGABEL

Viele Armbänder lassen sich auf einer oder zwei Gabeln knüpfen.

DIE GABEL

Wir haben die Zinken von links nach rechts von 1–4 nummeriert.
Nimm die Gabel in die linke Hand. Die Zinken zeigen zu dir.

DIE DOPPELGABEL

Lege zwei gleich große Gabeln mit je vier Zinken Rücken an Rücken zusammen.

Zum Fixieren wickelst du je einen Gummi an zwei Stellen mehrfach um die Griffe. Du kannst statt der Gummis aber auch Klebefilm verwenden. Nun

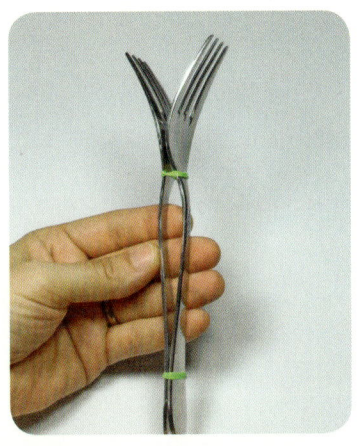

hast du eine „Doppelgabel". Wir haben die Zinken der beiden Gabeln von links nach rechts von 1–4 nummeriert. Die Zinken der vorderen Gabel bekommen den Zusatz V, die der hinteren Gabel den Zusatz H. Nimm die Doppelgabel in die linke Hand. Die Zinken einer Gabel zeigen zu dir; dies ist die vordere Gabel. Wenn du die Doppelgabel, wie in den Anleitungen beschrieben, drehen musst, ist nun die Gabel, deren Zinken zu dir zeigen, die vordere Gabel. 1V/2V bedeutet z. B.: der Gummi wird über die beiden Zinken 1V und 2V gezogen.

So sieht deine Doppelgabel von oben aus:

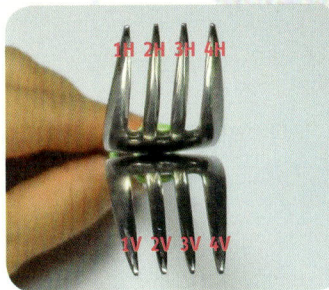

FRECHES FRÄULEIN

SPORTLICHES HAARBAND

DAS BRAUCHST DU: je 12 Gummiringe in Pink, Blau, Gelb und Orange • ca. 26 Gummiringe in Pink (je nach Kopfumfang, für die Verlängerung) • Verschlussclip • Loom • Häkelnadel

1 Ziehe einen blauen Gummiring von 1M nach 1L und danach einen pinkfarbenen Gummiring von 1M nach 1R.

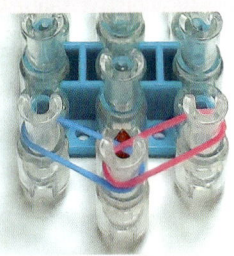

2 Jetzt spannst du einen orangefarbenen Gummiring von 1L nach 2M und einen gelben Gummiring von 1R nach 2M.

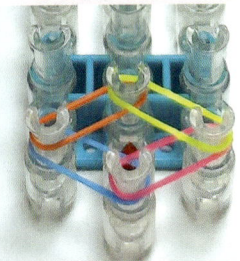

3 Wiederhole die Schritte 1 und 2 fortlaufend mit den nächsten Stiften, bis du den Stift 13M erreicht hast. Ach-

te dabei unbedingt auf die Reihenfolge! Die nächsten Gummiringe werden also so gespannt: 2M nach 2L, 2M nach 2R, 2L nach 3M und 2R nach 3M usw. Die beiden Stifte 13L und 13R bleiben frei. Lege einen pinkfarbenen Gummiring doppelt um den Stift 13M. Drehe den Loom um.

4 Greife mit der Häkelnadel den gelben Gummiring und ziehe ihn von 1M nach 2L.

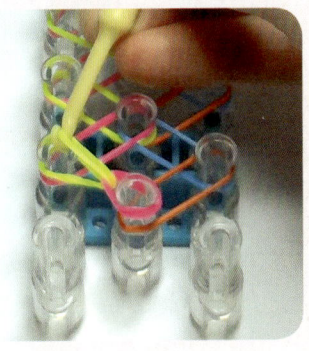

5 Anschließend hebst du den orangefarbenen Gummi von 1M nach 2R.

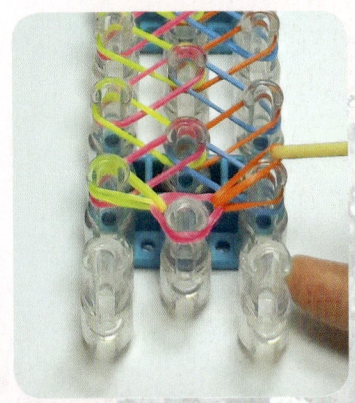

6 Danach verknüpfst du auf dieselbe Weise 2L nach 2M (pink) ...

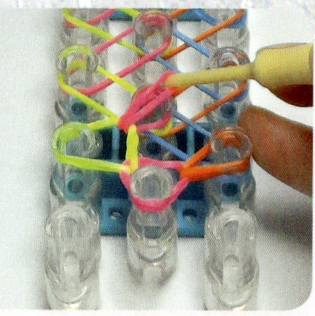

7 ... und 2R nach 2M (blau).

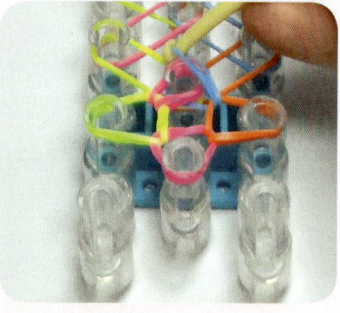

8 Wiederhole die Schritte 4–6 mit den nächsten Stiften. Beginne dafür mit 2M auf 3L (gelb), dann 2M auf 3R (orange), 3L auf 3M (pink) und 3R auf 3M (blau). Knüpfe weiter, bis du das Ende des Looms erreicht hast. Achte dabei darauf, stets die Reihenfolge einzuhalten! Dein Loom sieht jetzt so aus (siehe Schrittfoto rechts).

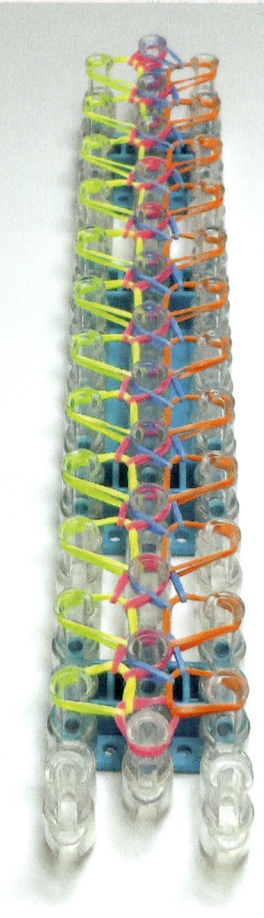

9 Ziehe mit der Häkelnadel einen pinkfarbenen Gummiring durch alle Gummiringe, die auf Stift 13M liegen ...

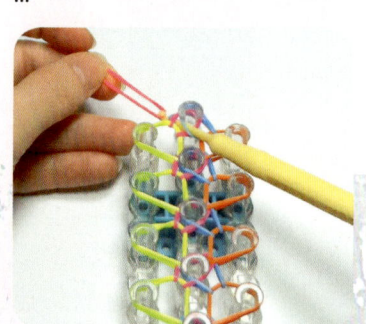

10 ... und nimm die beiden Schlingen auf die Nadel.

Jetzt kannst du das Haarband vom Loom abziehen.

11 Knüpfe eine Verlängerung für das Haarband: Dafür arbeitest du mit 13 Gummiringen mit dem Loom oder der Häkelnadel wie auf Seite 8 beschrieben. Hake eine Seite des Verschlussclips in die beiden Schlaufen des letzten Gummirings.

12 Hebe die beiden pinkfarbenen Gummischlingen am anderen Ende des Haarbands auf deine Häkelnadel und knüpfe auf dieser Seite die zweite Hälfte der Verlängerung ebenfalls aus 13 Gummiringen in Pink. Hake den Verschlussclip ein.

CHECK IT OUT!

Knüpfe dir ein passendes Armband oder einen Ring, der sich auch als Zopfgummi eignet, in dieser Technik. Du musst nur die Länge entsprechend anpassen. Du kannst dich mit diesem Set stylen oder Einzelteile an deine besten Freundinnen verschenken. Am Partnerlook erkennt man gleich, dass ihr zusammengehört!

ARMBAND DELUXE

COOLE PERLEN!

DAS BRAUCHST DU: 28 Gummiringe in Lila • 10 Gummiringe in Schwarz • ca. 8 Gummiringe in Lila (je nach Armumfang, für die Verlängerung) • Buchstaben-Perlen mit großen Löchern (max. 10 Stück) • Verschlussclip • Loom • Häkelnadel

1 Spanne einen lilafarbenen Gummiring von 1M nach 1L.

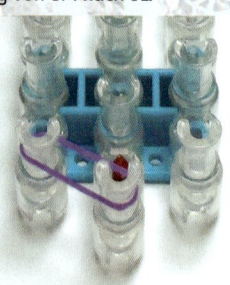

2 Belege die linke Reihe bis zum vorletzten Stift mit lila Gummiringen. Also zuerst 1L nach 2L, dann 2L nach 3L, …. Den letzten Gummi auf der linken Reihe von 12L zur mittleren Reihe nach 13M spannen.

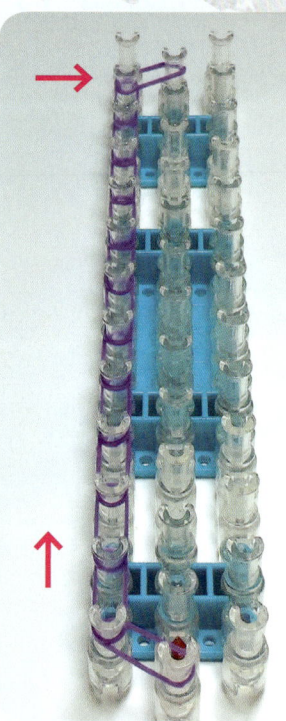

3 Diese Arbeitsschritte wiederholst du auf der rechten Seite: Dafür fängst du wieder bei Stift 1M an und ziehst einen Gummiring zu Stift 1R, dann von 1R nach 2R, danach von 2R nach 3R usw. Den letzen Gummiring spannst du von 12R nach 13M. Die Stifte 13L und 13R bleiben frei.

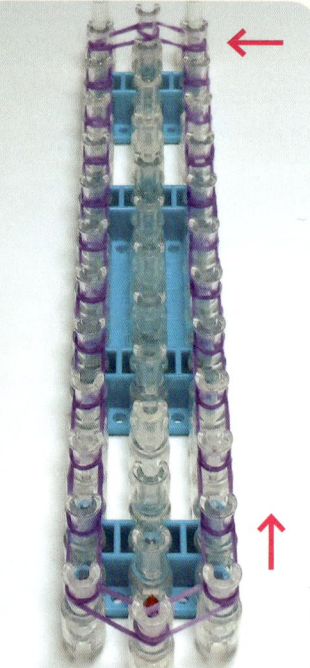

4 Lege einen lilafarbenen Gummiring doppelt um den Stift 13M. Schiebe
alle Gummis nach unten. So hast du
mehr Platz auf den Stiften für die
nächsten Gummiringe.

5 Nun schiebst du durch jede Buch-
stabenperle einen schwarzen Gummiring, sodass auf beiden Seiten eine
kleine Schlinge heraushängt. In deinem Armband ist Platz für insgesamt
zehn Perlen. Wenn dein Name weni-
ger Buchstaben hat, kannst du die übrigen schwarzen Gummiringe ohne
Perlen verwenden, wie in unserem
Beispiel. Du kannst aber auch farbige
Perlen auf die restlichen schwarzen
Gummis fädeln. Wir haben einen Na-
men mit sieben Buchstaben gewählt.

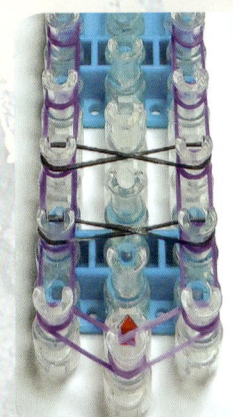

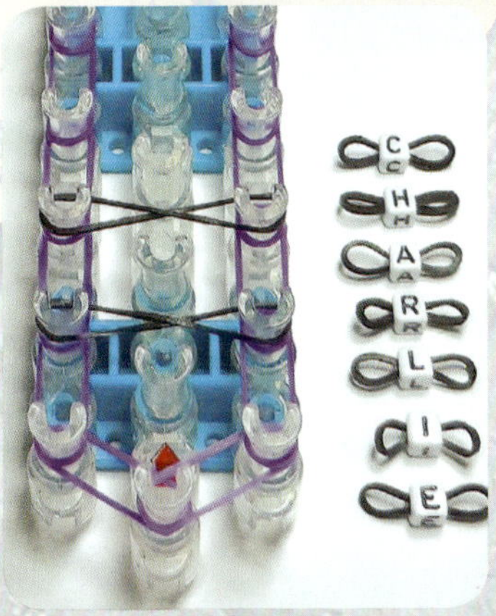

Beginne mit einem schwarzen Gummiring, den du in Form einer Acht von 2L nach 2R spannst. Genauso ziehst du den nächsten schwarzen Gummi von 3L nach 3R.

6 Danach spannst du die Gummiringe mit den Perlen auf den Loom. Diese müssen nicht in Form einer 8 gedreht werden. Beginne mit dem letzten Buchstaben des Namens und ziehe den Gummiring von 4L nach 4R. So machst du weiter, bis alle Buchstaben des Namens aufgespannt sind. Es bleibt ein schwarzer Gummi übrig, den du wieder in Form einer Acht von Stift 11L nach 11R ziehst. Drehe den Loom um.

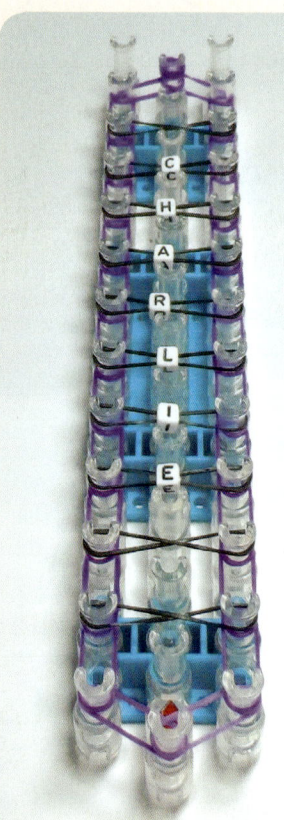

7 Beginne mit dem Verknüpfen der Gummiringe bei Stift 1M: Führe dabei den Haken der Häkelnadel durch den Stift, unter den beiden oberen lilafarbenen Gummis nach außen, greife den oberen der beiden darunter liegenden lilafarbenen Gummis und ziehe ihn nach 2L.

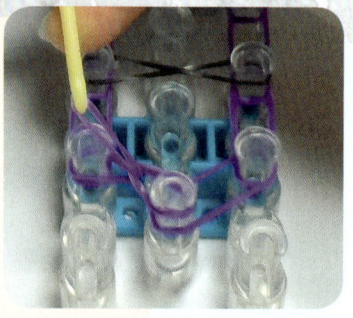

8 Anschließend führst du die Häkelnadel wieder durch denselben Stift, unter den beiden oberen Gummiringen nach außen, greifst den darunter liegenden lilafarbenen Gummi und ziehst ihn nach 2R.

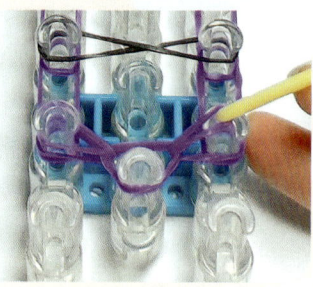

9 Nun verknüpfst du nacheinander alle lilafarbenen Gummiringe in der linken Reihe der Stifte. Du beginnst bei Stift 2L auf 3L, dann 3L auf 4L, usw. Führe die Häkelnadel immer von oben – nicht von der Seite – in den Stift ein, auf den du den letzten Gummiring gehoben hast und greife mit dem Haken den unteren lilafarbenen Gummi.

Wiederhole diesen Schritt so lange, bis du am Ende des Looms angekommen bist. Die letzten beiden Verknüpfungen sind 12L auf 13L und 13L auf 13M.

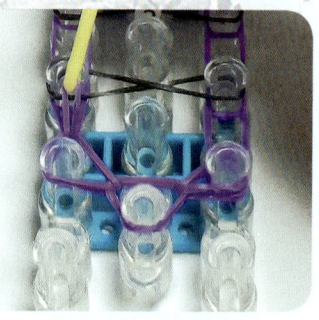

10 Jetzt kommen die lilafarbenen Gummis der rechten Reihe dran: Du verknüpfst zuerst 2R auf 3R, dann 3R auf 4R, usw. Am Ende des Looms verknüpfst du 12R auf 13R und 13R auf 13M.

11 So sollte dein Loom jetzt aussehen.

12 Zum Schluss ziehst du mit der Häkelnadel einen lilafarbenen Gummiring durch alle Gummiringe, die auf Stift 13M liegen ...

13 ... und nimmst die beiden Schlingen auf die Nadel.

14 Anschließend ziehst du das Armband vom Loom und knüpfst wie auf Seite 8 beschrieben aus etwa acht lilafarbenen Gummiringen eine Verlängerung mit dem Loom oder der Häkelnadel, bis das Armband bequem um dein Handgelenk passt. Verschließe das Band mit einem Verschlussclip.

10

11

12

13

AHA!

Es gibt Glasperlen, Plastik-, Holz- und Buchstabenperlen. Sie können einen Facettschliff haben, opak oder durchscheinend sein. Wichtig bei der Auswahl ist, dass der Gummiring durch die Öffnung passt – der Rest ist deinem Geschmack überlassen!

FRÜCHTCHEN

FESCHE OHRRINGE

DAS BRAUCHST DU: 15 Gummiringe in Gelb • je 1 Gummiring in Dunkelgrün und Schwarz • 2 Ohrring-Rohlinge • Rainbow Loom® • Häkelnadel

Bei diesem Modell legst du immer drei gelbe Gummiringe (Gummi-Drilling) zusammen über die Stifte. Du kannst sie auch nacheinander auflegen, wenn das für dich einfacher ist.

1 Spanne einen Gummi-Drilling über die Stifte 1L und 2L, ...

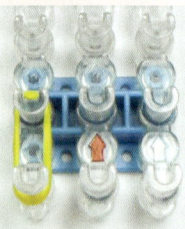

2 ... dann einen Gummi-Drilling von 2L nach 3L, ...

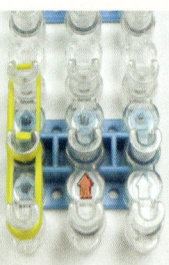

3 ... usw., bis du den letzten Gummi-Drilling von Stift 5L nach 6L gezogen hast.

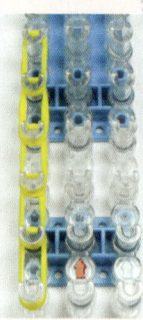

4 Jetzt legst du einen schwarzen Schlussgummi vierfach über den Stift 6L...

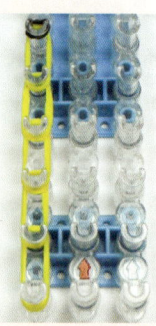

5 ... und drehst den Loom um.

6 Der Stift, auf dem der schwarze Schlussgummi liegt, heißt jetzt 1R. Führe die Häkelnadel durch die schwarzen Gummiringe auf Stift 1R, greife alle 3 gelben Gummiringe, die darunter liegen ...

7 ... führe sie nach oben und hebe sie auf Stift 2R. Halte die schwarzen Gummiringe dabei mit den Fingern fest, damit sie sich nicht vom Stift lösen. Du kannst auch einen Gummi nach dem anderen nach oben führen und auf Stift 2R verknüpfen.

8 Verfahre mit den anderen Gummi-Drillingen genauso, bis du das Ende der Banane erreicht hast.

9 Jetzt führst du deine Häkelnadel durch die Rille und alle Gummis auf Stift 6R ...

10 ... und arbeitest einen Schlingengummi.

11 Ziehe die Schlinge fest, löse die Banane vom Loom und hake sie in die Öse am Ohrring ein.

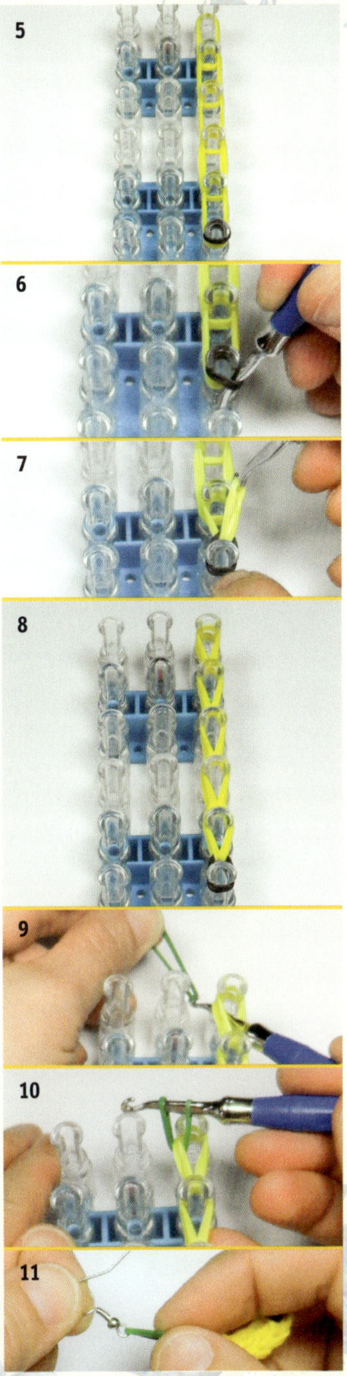
5
6
7
8
9
10
11

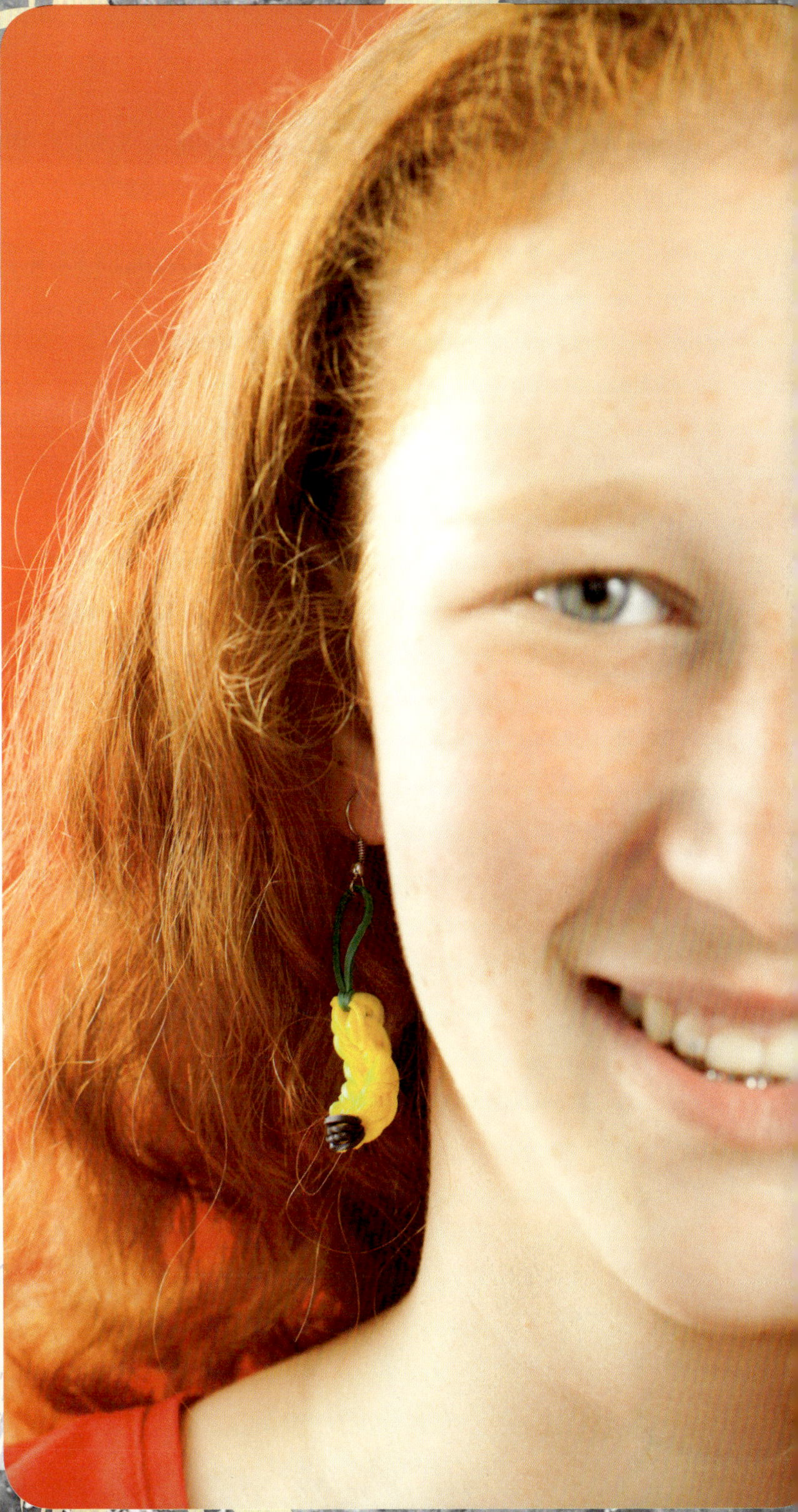

SURFER-BAND

DAS LÄSSIGSTE HANDGELENK EVER!

DAS BRAUCHST DU: 40 Gummiringe in Schwarz • 22 Gummiringe in Türkis • 12 Gummiringe in Apfelgrün • ca. 8 Gummiringe in Schwarz (je nach Armumfang, für die Verlängerung) • Verschlussclip • Loom • Häkelnadel

1 Zu Beginn spannst du einen schwarzen Gummiring von 1M nach 1L. Danach belegst du die linke Reihe, also 1L nach 2L, 2L nach 3L usw. bis 11L nach 12L. Nun ziehst du noch einen Gummiring von 12L nach 13M. Der Stift 13L bleibt frei.

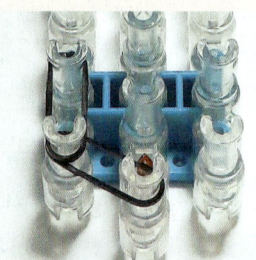

2 Jetzt spannst du die schwarzen Gummiringe über die rechte Reihe des Looms. Dafür beginnst du wieder bei Stift 1M und ziehst einen Gummi nach 1R. Dann folgen die nächsten Stifte, also 1R nach 2R, 2R nach 3R usw. bis 11R nach 12R. Den letzten Gummi spannst du von 12R nach 13M. Der Stift 13R bleibt frei.

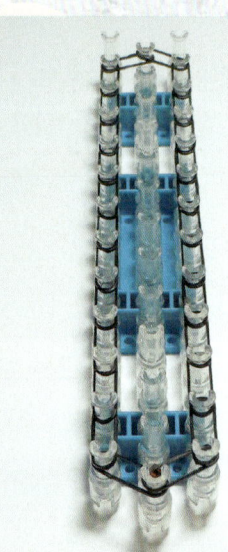

3 Spanne einen grünen Gummiring von 1M nach 2M.

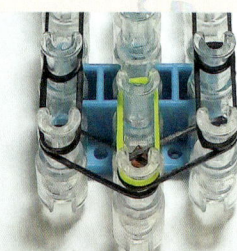

WICHTIG!

Bei dieser Technik liegen auf jedem Stift des Looms viele Gummiringe. Deshalb ist es besonders wichtig, dass du sie nach dem Aufziehen nach unten schiebst. Achte sorgfältig darauf, die Reihenfolge der Gummis auf den Stiften nicht durcheinanderzubringen!

4 Jetzt ziehst du zuerst einen türkisfarbenen Gummiring von 2M nach 2L und danach einen weiteren von 2M nach 2R.

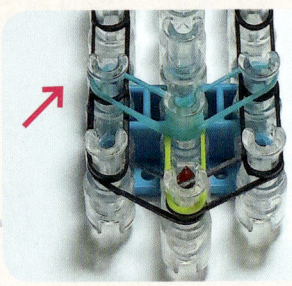

5 Wiederhole Schritte 3 und 4 mit den nachfolgenden Stiften, bis du das Ende des Looms erreicht hast. Du spannst also als Nächstes einen grünen Gummiring von 2M nach 3M und anschließend die nächsten zwei türkisfarbenen Gummis von 3M nach 3L und 3M nach 3R usw. Am Ende des Looms ziehst du den letzten grünen Gummiring von 12M nach 13M. Die Stifte 13L und 13R bleiben frei. Beachte bitte stets die Reihenfolge, damit sich die Gummiringe miteinander verknüpfen!

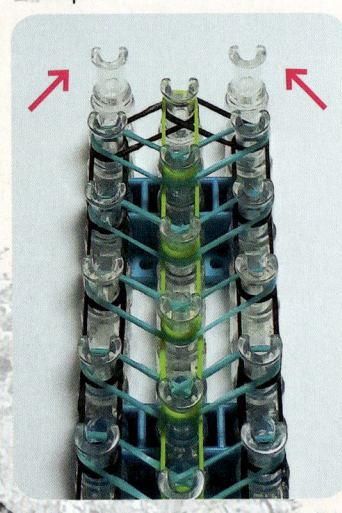

6 Nun wickelst du je einen schwarzen Gummiring doppelt um jeden Stift der mittleren Reihe. Drehe den Loom um.

7 Greife mit der Häkelnadel den grünen Gummiring unter dem doppelt gelegten schwarzen Gummi auf Stift 1M, ziehe ihn vorsichtig nach oben heraus (den schwarzen Gummiring festhalten, damit er nicht herunterrutscht) und hebe ihn auf Stift 2M.

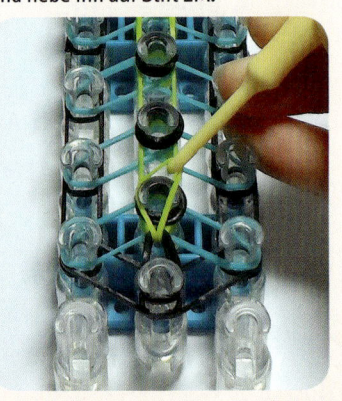

8 Jetzt verknüpfst du den oberen türkisfarbenen Gummiring, indem du ihn von 2M nach schräg vorne auf 2L hebst.

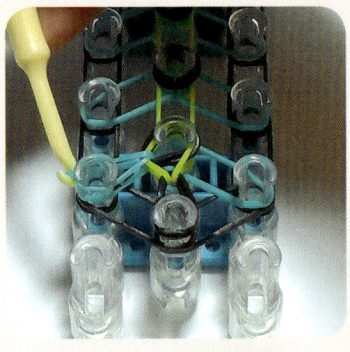

9 Anschließend ziehst du den unteren türkisfarbenen Gummi von Stift 2M nach 2R.

10 Wiederhole die Schritte 7–9 bis du das Ende des Looms erreicht hast. Achte dabei auf die Reihenfolge! Also immer zuerst den grünen Gummiring nach oben auf den nächsten Stift heben und danach die beiden türkisfarbenen Gummiringe nach vorne verknüpfen. Den oberen der beiden Gummis nach links ziehen und den zweiten nach rechts. Den Abschluss bildet der letzte grüne Gummiring, den du von 12M nach 13M hebst.

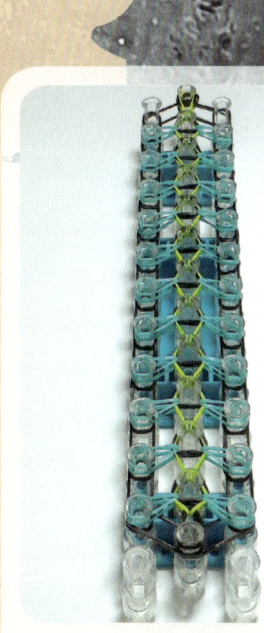

11 Nun verknüpfst du die schwarzen Gummiringe. Du beginnst bei Stift 1M und hebst den dritten schwarzen Gummiring (von oben gezählt) nach 2L.

12 Danach ziehst du den untersten schwarzen Gummiring von 2L auf 3L. Wiederhole diesen Schritt mit allen nachfolgenden Stiften der linken Reihe, bis du bei 12L nach 13L und 13L nach 13M angekommen bist. Mit der rechten Reihe verfährst du genauso. Beginne wieder bei Stift 1M und hebe den untersten Gummiring nach 2R. 13R hebst du nach 13M. Dein Loom sollte jetzt so aussehen:

13 Zum Schluss ziehst du den letzten schwarzen Gummiring mithilfe der Häkelnadel durch alle Gummiringe, die auf Stift 13M liegen.

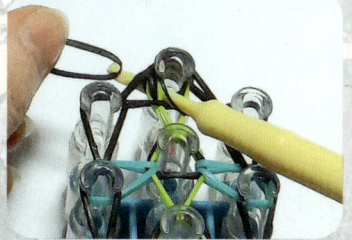

14 Nun ziehst du das Armband vom Loom und knüpfst aus etwa acht Gummis eine Verlängerung mit dem Loom oder der Häkelnadel. Verschließe das Band mit einem Clip. Um dieses megacoole Surfer-Armband werden dich alle beneiden!

STREETWEAR STYLE

3-FACH-SCHLÜSSELBAND

DAS BRAUCHST DU: 13 Gummiringe in Schwarz • je 12 Gummiringe in Lila, Pink und Gelb • Schlüsselring • Loom • Häkelnadel

1 Spanne einen lilafarbenen Gummiring von 1R nach 2R, einen gelben von 1M nach 2M und einen pinkfarbenen von 1L nach 2L.

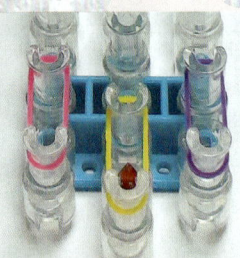

2 Fülle die Reihen in der jeweiligen Farbe auf. Dafür arbeitest du von vorne nach hinten. Also z. B. in der rechten lilafarbenen Reihe von 2R nach 3R, von 3R nach 4R, usw. Dein Loom sollte jetzt so aussehen:

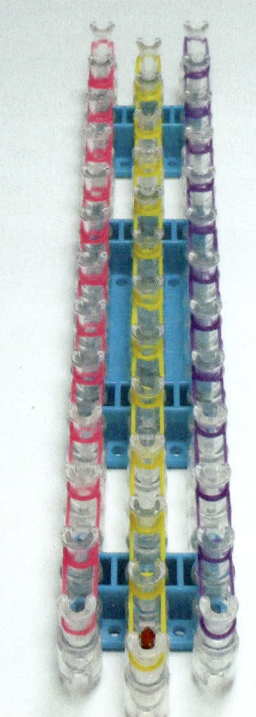

3 Jetzt legst du jeweils einen schwarzen Gummiring als Dreieck über die Stifte 2R, 2M und 2L. Lege den nächsten über die Stifte 3R, 3M und 3L, dann über 4R, 4M und 4L usw., bis du bei den Stiften 12R, 12M und 12L angekommen bist.

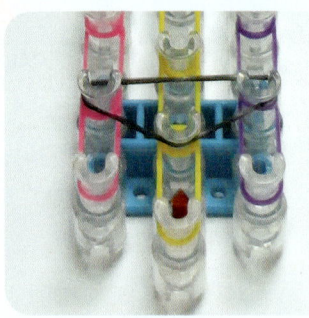

4 Für das Dreieck über 13R, 13M und 13L legst du den Gummiring doppelt. Dadurch bekommst du später einen schönen Abschluss des Schlüsselbands.

AHA!
Dieses coole Schlüsselband macht auch als Geschenk für Familie und Freunde echt was her!

5 Drehe den Loom um. Greife mit der Häkelnadel den pinkfarbenen Gummi-ring auf 1R und ziehe ihn nach 2R.

6 Ziehe den gelben Ring auf 1M nach 2M.

7 Anschließend ziehst du den lilafarbenen Gummi auf 1L nach 2L.

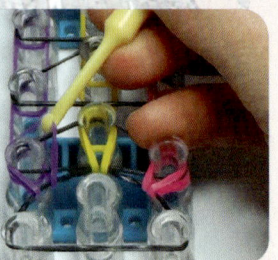

CHECK IT OUT!

Möchtest du ein passendes Armband in diesem Muster haben? Dann knüpfe ab Schritt 11 eine Armband-Verlängerung mit dem Loom oder der Häkelnadel. Zusätzlich benötigst du dann einen Verschlussclip.

8 Nun verknüpfst du am besten immer eine komplette Reihe, damit du keinen der Gummis vergisst: Du beginnst also mit der linken lilafarbenen Reihe und ziehst die Gummiringe von 2L nach 3L, dann 3L nach 4L usw., bis du am Ende der Reihe angekommen bist. Jetzt wiederholst du die Schritte mit den gelben Gummiringen in der mittleren und anschließend mit den pinkfarbenen in der rechten Reihe. Die schwarzen Gummiringe werden nicht geknüpft.

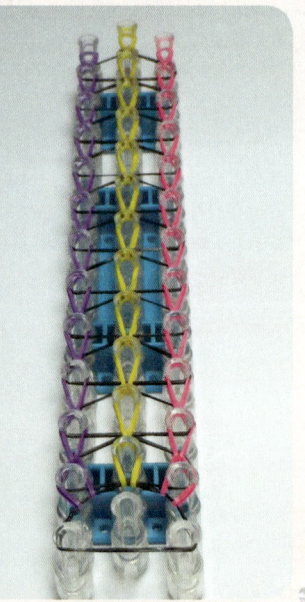

9 Hebe die beiden pinkfarbenen Schlingen von 13R nach 13M ...

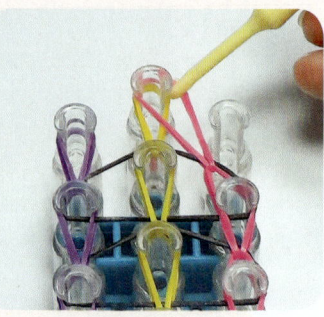

10 ... und die lilafarbenen von 13L ebenfalls auf 13M.

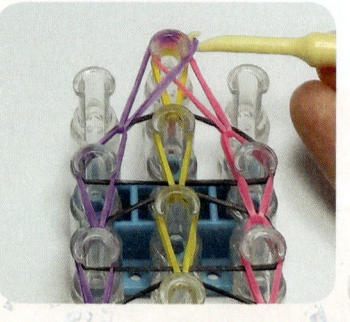

11 Zum Schluss ziehst du mit der Häkelnadel einen schwarzen Gummiring durch alle sechs Gummiringe, die auf Stift 13M liegen.

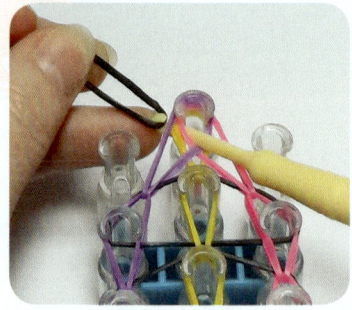

12 Hänge die beiden Schlingen im Schlüsselring ein und ziehe das fertige Schlüsselband vom Loom.

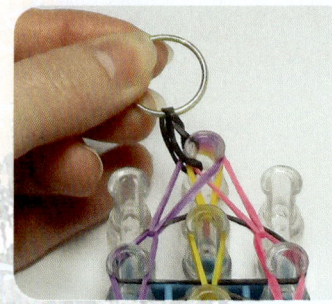

AHA!

Möchtest du ein Band mit Querstreifen knüpfen? Dann spannst du drei Gummis der gleichen Farbe nebeneinander auf 1L und 2L, 1M und 2M und 1R und 2R. Wiederhole diesen Schritt mit jeweils drei gleichfarbigen Gummiringen einer anderen Farbe auf den nächsten Stiften, bis du am Ende des Looms angekommen bist.

WILD!

RADIKALE REISSVERSCHLUSS-OPTIK

DAS BRAUCHST DU: 26 Gummiringe in Grün • 24 Gummiringe in Weiß • 14 Gummiringe in Rot • ca. 8 Gummiringe in Rot (je nach Armumfang, für die Verlängerung) • Verschlussclip • Loom • Häkelnadel

1 Spanne einen grünen Gummiring von 1M nach 1L, danach einen roten von 1M nach 2M und nun wieder einen grünen von 1M nach 1R.

2 Ziehe jeweils einen weißen Gummiring von 1L nach 2M und von 1R nach 2M.

3 Spanne je einen grünen Gummiring von 1L nach 2L und von 1R nach 2R. Ziehe anschließend einen roten Gummiring von 2M nach 3M.

WICHTIG!

Bei diesem Modell liegen auf jedem Stift des Looms viele Gummiringe. Deshalb ist es besonders wichtig, dass du sie nach dem Aufziehen nach unten schiebst und darauf achtest, die Reihenfolge der Gummis auf den Stiften nicht durcheinanderzubringen!

4 Wiederhole im Folgenden die Schritte 2 und 3, bis alle Stifte des Looms belegt sind. Die nächsten weißen Gummiringe werden also von 2L nach 3M und von 2R nach 3M gezogen. Danach folgen die grünen Gummiringe von 2L nach 3L und von 2R nach 3R und ein roter Gummi von 3M nach 4M. Nach dem Spannen der letzten beiden grünen Gummiringe ziehst du einen roten Gummi doppelt über die Stifte 13L, 13M und 13R. Dies ergibt ein Dreieck am Ende des Looms. Drehe den Loom um.

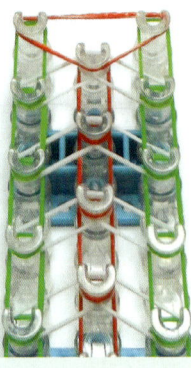

5 Greife mit der Häkelnadel den oberen weißen Gummiring auf Stift 1M und ziehe ihn nach links oben auf 2L, danach den anderen weißen Gummi nach rechts oben auf 2R.

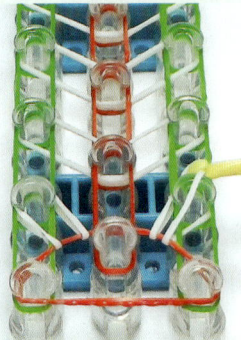

6 Jetzt hebst du den roten Gummiring von 1M auf 2M.

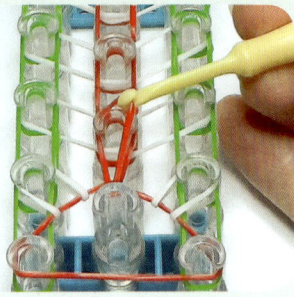

7 Wiederhole die Schritte 5 und 6 mit den nachfolgenden Stiften und Gummiringen, also 2M nach 3L, 2M nach 3R, 2M nach 3M usw., bis du am Ende des Looms angekommen bist (12M nach 13L, 12 M nach 13R und 12M nach 13M). So sollten die Gummiringe auf deinem Loom jetzt angeordnet sein:

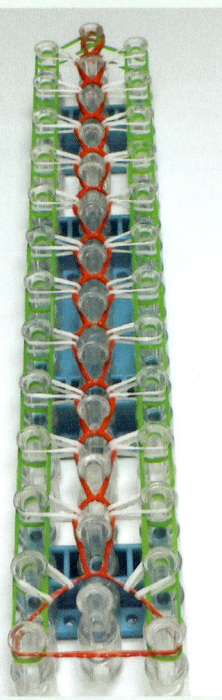

8 Verknüpfe nun die grünen Gummiringe miteinander. Greife mit der Häkelnadel den grünen Gummiring auf Stift 1L und hebe ihn nach 2L. Verfahre mit den Gummiringen der gesamten linken Seite ebenso. Du greifst dabei immer den untersten, bis du den letzten grünen Gummiring dieser Reihe von 13L nach 13M gezogen hast. Die grünen Gummiringe der rechten Reihe verknüpfst du auf dieselbe Weise. Beginne bei Stift 1R nach 2R usw. bis 13R nach 13M.

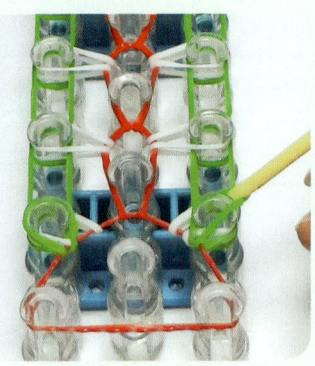

9 Dein Loom sollte jetzt so aussehen:

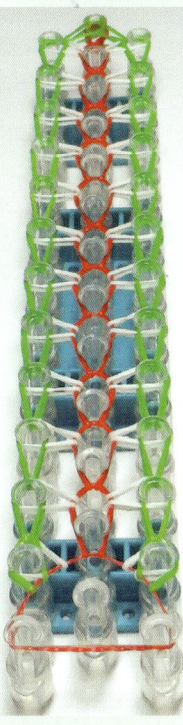

10 Zum Schluss ziehst du den letzten roten Gummiring mithilfe der Häkelnadel durch alle Gummiringe, die auf Stift 13M liegen.

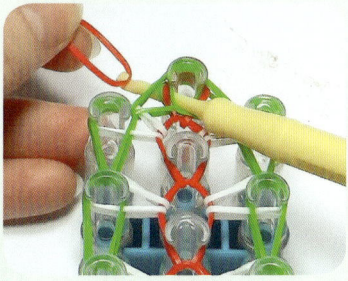

11 Ziehe das Armband vom Loom, knüpfe aus etwa acht roten Gummis eine Verlängerung mit dem Loom oder der Häkelnadel und bringe zuletzt den Clip an.

KRASSER KLUNKER

BLUMIGER RING

DAS BRAUCHST DU: je 6 Gummiringe in Lila und Pink • 3 Gummiringe in Grün • Gummiring in Gelb • Verschlussclip • Loom • Häkelnadel

1 Spanne einen grünen Gummiring von Stift 1M nach 2M. Danach beginnst du mit dem Aufziehen der lila-farbenen Gummiringe: Von 2M nach 2L, 2M nach 2R, ...

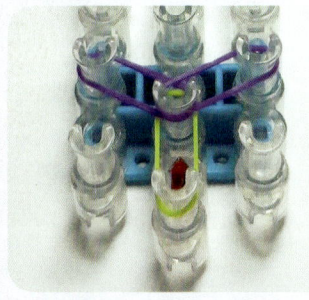

2 ... 2L nach 3L, 2R nach 3R, ...

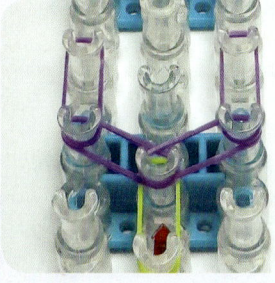

3 ... 3L nach 4M und 3R nach 4M.

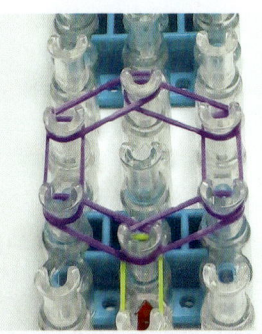

4 Die sechs pinkfarbenen Gummiringe ziehst du jetzt von Stift 3M aus strahlenförmig im Uhrzeigersinn auf: Spanne den ersten Gummiring von 3M nach 2L, den nächsten von 3M nach 3L, 3M nach 4M, 3M nach 3R, 3M nach 2R ...

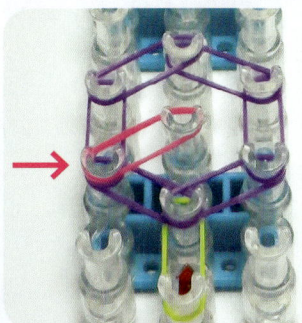

5 ... und den letzten von 3M nach 2M. Achte darauf, dass du die Reihenfolge der Gummiringe auf dem Stift 3M nicht durcheinanderbringst!

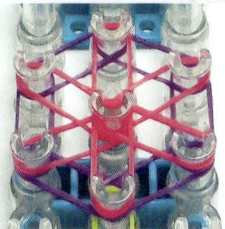

6 Den ersten der beiden übrigen grünen Gummiringe ziehst du von Stift 4M nach 5M und den zweiten von 5M nach 6M. Den gelben Gummiring wickelst du doppelt um den Stift 3M. Nun kannst du den Loom umdrehen und mit dem Verknüpfen beginnen.

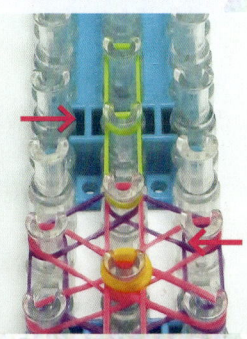

7 Bei diesem Modell hast du nicht den ganzen Loom mit Gummiringen belegt. Beim Verknüpfen beginnen wir mit dem Zählen und Benennen der Stifte nicht am Anfang des Looms, sondern jeweils beim ersten mit einem Gummi belegten Stift. Der erste belegte Stift der linken Reihe heißt also 1L, der erste belegte der mittleren Reihe 1M und der erste belegte der rechten Reihe 1R. Hebe den grünen Gummiring von 2M nach 3M.

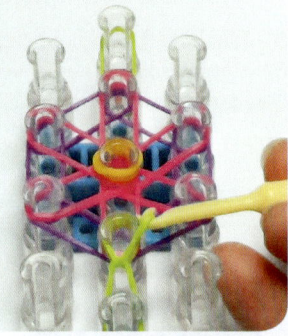

8 Greife mit der Häkelnadel in der Blütenmitte (Stift 4M) den ersten pinkfarbenen Gummiring unter dem doppelt gelegten gelben Gummi, ziehe ihn vorsichtig nach oben heraus (den gelben Gummiring dabei festhalten, damit er nicht vom Stift rutscht) und hebe ihn auf Stift 5M.

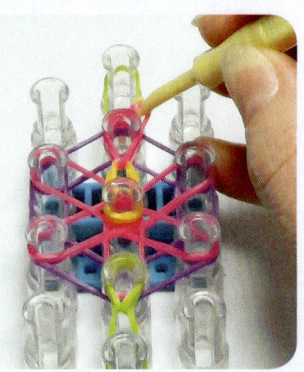

So ziehst du nacheinander gegen den Uhrzeigersinn alle Blütenblätter von der Mitte nach außen. Dafür greifst du immer den pinkfarbenen Gummiring, der direkt unter dem gelben Gummi liegt, also 4M nach 2L, 4M nach 1L usw.

9 So sieht dein Loom jetzt aus.

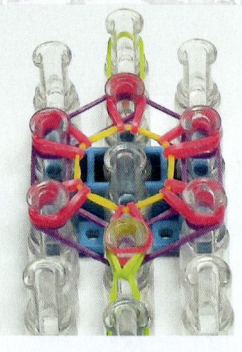

10 Nun verknüpfst du die lilafarbenen Gummiringe. Hierfür ziehst du zuerst den oberen der beiden lilafarbenen Gummiringe, die auf dem Stift 3M liegen, nach 1L und danach den unteren nach 1R.

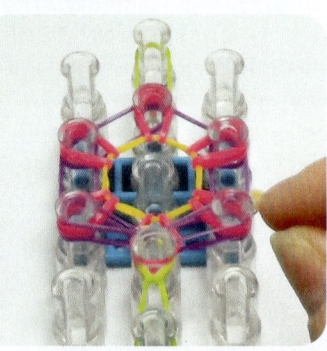

11 Dann hebst du den jeweils untersten lilafarbenen Gummiring in dieser Reihenfolge ab: 1L nach 2L, 1R nach 2R, 2L nach 5M und 2R nach 5M.

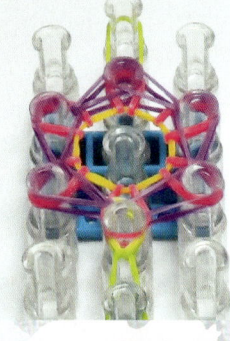

12 Danach ziehst du den grünen Gummiring von Stift 5M nach 6M.

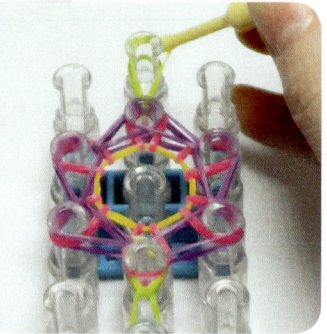

13 Halte die beiden grünen Gummis, die auf 6M liegen, mit den Fingern etwas vom Stift weg und hänge die eine Seite des Verschlussclips ein. Nun kannst du deinen Ring vom Loom abziehen. Hake den ersten grünen Gummiring auf der anderen Seite des Rings in den Clip ein. Fertig ist der krasse Klunker!

CHECK IT OUT!

Probiere viele verschiedene Farbkombinationen aus.
So kannst du dir passend zu jedem Armband oder
deinem Nagellack einen Ring knüpfen und dein Outfit
ist perfekt!

GRETES GRÄTE

OHNE LOOM

DAS BRAUCHST DU: je 4 Gummiringe in Weiß, Gelb, Orange, Pink, Rot, Apfel- und Grasgrün, Türkis, Mittel- und Dunkelblau, Dunkel- und Helllila (insgesamt 48 Gummiringe) • Verschlussclip • 2 Bleistifte oder Rundhölzer

1 Diese Technik geht auch unterwegs! Lege einen weißen Gummiring in Form einer Acht um zwei Bleistifte, die du eng nebeneinander hältst.

2 Nun schiebst du nacheinander zwei weitere Gummiringe (hier zuerst einen gelben, dann einen orangefarbenen) über die beiden Stifte, ohne sie zu verdrehen.

3 Greife die unterste (hier weiße) Schlinge am rechten Bleistift mit dem Finger (du kannst auch eine Häkelnadel statt deiner Finger benutzen), ziehe sie nach außen ...

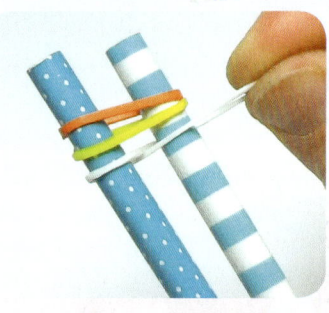

4 ... und dann über das Ende des rechten Bleistifts in die Mitte.

5 Danach nimmst du die unterste (hier weiße) Schlinge am linken Bleistift, ziehst sie nach außen ...

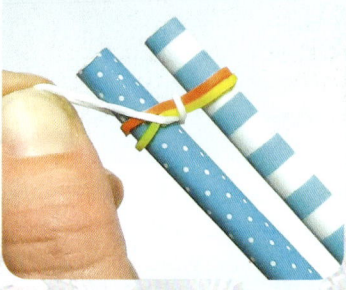

6 ... und über das Ende des linken Bleistifts zwischen die beiden Bleistifte.

7 Schiebe die beiden Gummiringe auf den Bleistiften etwas nach unten, ziehe einen weiteren Gummi (hier pink) auf und platziere ihn über den beiden anderen. Achte darauf, dass du die Farbfolge wie in der Materialliste angegeben einhältst und die Reihenfolge der drei Gummiringe auf den Stiften nicht vertauschst.

8 Hebe nun die beiden Schlingen des untersten (hier gelben) Gummirings über die Stifte, wie bei Schritt 3–6 beschrieben. Dann legst du einen weiteren Gummiring (hier rot) über die beiden Stifte (siehe Schritt 7). Anschließend wiederholst du fortlaufend die Schritte 3–7. Dabei immer daran denken, dass du zuerst einen dritten Gummi über die beiden Stifte ziehst und dann die beiden untersten Schlingen über die Stiftenden zwischen die Stifte hebst.

9 Wenn du alle Gummiringe verbraucht hast, hebst du die jeweils untersten Schlingen ab ...

10 ... bis nur noch eine Schlinge auf jedem Bleistift liegt.

11 Führe die eine Seite des Verschlussclips zuerst in die rechte ...

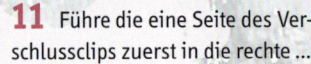

12 ... und dann in die linke Gummibandschlinge und ziehe die Stifte heraus.

CHECK IT OUT!

Das Fischgrät-Armband sieht auch zweifarbig super aus! Du kannst dafür immer abwechselnd beispielsweise einen roten und einen weißen Gummiring verwenden; dann hat dein Armband ganz dünne Ringel. Möchtest du dickere Farbstreifen erzielen, nimmst du jeweils drei (oder mehr) Gummis derselben Farbe hintereinander und wechselst erst dann zu einer anderen Farbe.

13 Jetzt hängst du die beiden Schlingen des ersten Gummis (hier weiß) in die andere Seite des Clips ein und schon ist dein tolles, regenbogen buntes Armband fertig!

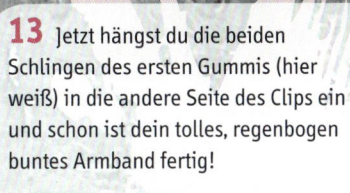

AHA!

Du kannst das Band beliebig lang knüpfen. Wenn du etwa doppelt so viele Gummiringe verwendest, kannst du es zweifach um dein Handgelenk wickeln oder als Kette um deinen Hals tragen. Du kannst das Fischgrät-Armband auch auf dem Loom knüpfen. Dafür nimmst du statt der Bleistifte zwei nebeneinanderliegende Stifte des Looms.

COOLES DUO

SCHNELL GEHÄKELT

DAS BRAUCHST DU: 50 Gummiringe in Grün • 48 Gummiringe in Blau • Verschlussclip • Häkelnadel

1 Lege einen grünen Gummi zweifach um die Häkelnadel.

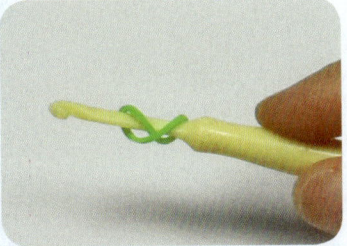

2 Ziehe ein Gummipaar in Grün über den Zeigefinger und ein Gummipaar in Blau über den Mittelfinger deiner linken Hand. Greife mit der Häkelnadel die grünen Gummis auf dem Zeigefinger ...

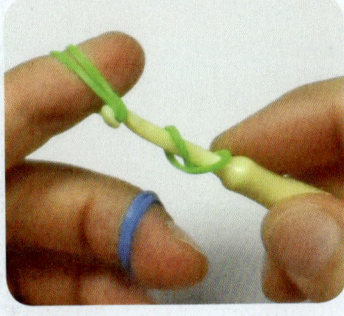

3 ... und schiebe den Zweifachgummi über den Haken auf das Gummipaar.

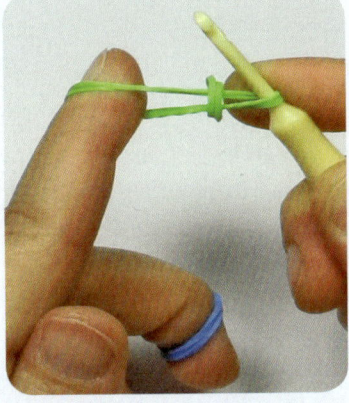

4 Greife die blauen Gummis auf dem Mittelfinger ...

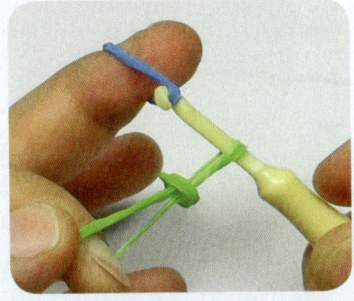

5 ... und ziehe sie durch die Doppelschlinge auf der Häkelnadel.

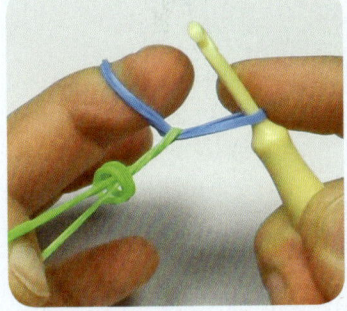

6 Hebe zuerst die beiden blauen Schlingen von deinem Mittelfinger ...

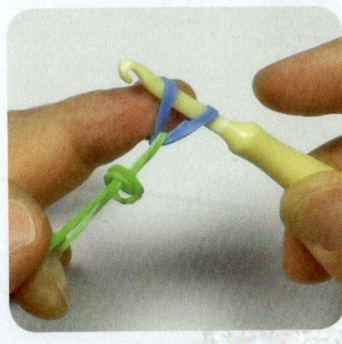

7 ... auf die Häkelnadel ...

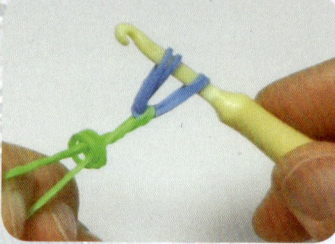

8 ... und dann die beiden grünen Schlingen von deinem Zeigefinger. Du hast dann drei Doppelschlingen auf der Häkelnadel.

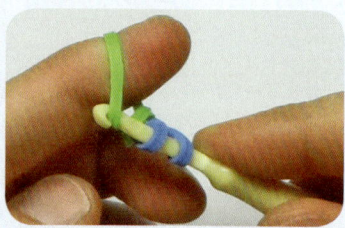

9 Ziehe wieder ein Gummipaar in Grün über deinen Zeigefinger und ein Paar in Blau über den Mittelfinger.

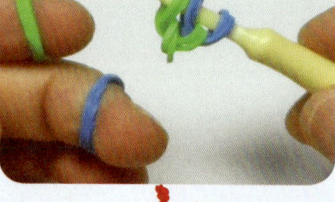

10 Greife mit der Häkelnadel die grünen Gummis auf dem Zeigefinger ...

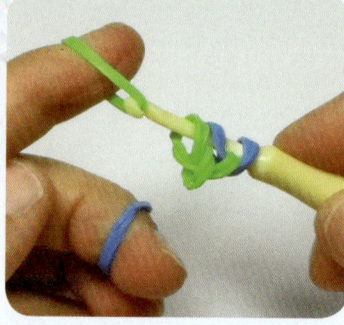

11 ... und ziehe sie durch die ersten beiden Doppelschlingen (grün und blau) auf der Nadel.

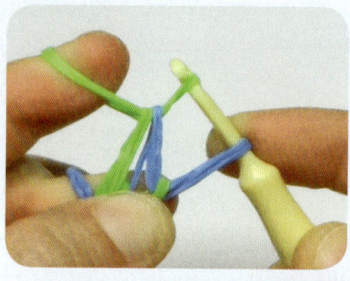

12 Greife die blauen Gummis auf dem Mittelfinger ...

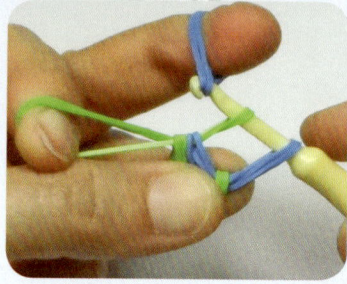

13 ... und ziehe sie durch die beiden Doppelschlingen (grün und blau) auf der Häkelnadel.

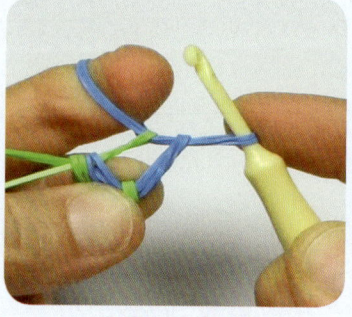

MIX IT!

Als Variante kannst du auf einen deiner Finger immer abwechselnd zwei verschiedene Farben aufziehen.

14 Hebe zuerst die beiden blauen Schlingen von deinem Mittelfinger auf die Häkelnadel ...

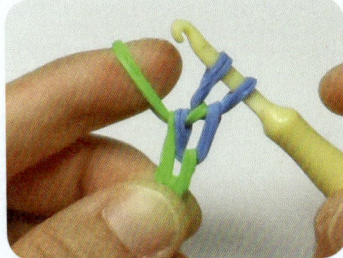

15 ... und dann die beiden grünen Schlingen von deinem Zeigefinger. Jetzt liegen wieder drei Doppelschlingen auf der Häkelnadel.

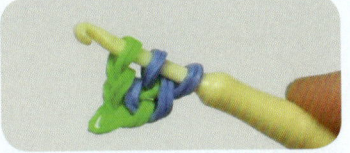

16 Nun wiederholst du die Schritte 9–15, bis nur noch ein grüner Gummi übrig ist. Zum Beenden deines Armbands ziehst du diesen grünen Gummi über deinen Zeigefinger, greifst ihn mit der Häkelnadel ...

17 ... und ziehst ihn durch alle Schlingen, die auf der Häkelnadel liegen.

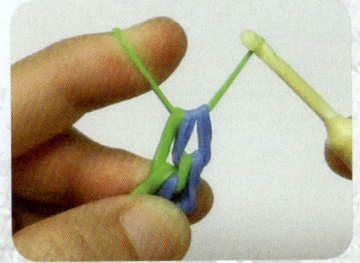

18 Hebe die Schlinge auf deinem Zeigefinger auf die Nadel.

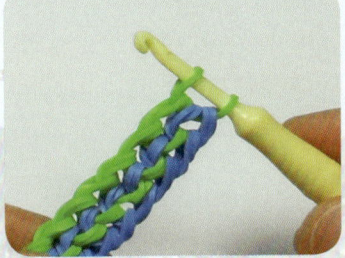

19 Hake die beiden Schlingen auf der Häkelnadel in die eine Seite des Verschlusses und die beiden Schlingen des grünen Anfangsgummis in die andere Seite ein.

LA PERLA

SCHNELLES PERLENBAND

DAS BRAUCHST DU: 18 Gummiringe in Grün • je 1 Gummiring in Rot, Türkis, Rosa, Gelb, Lila, Orange und Blau • Verschlussclip • Häkelnadel

FARBFOLGE: Rot, Türkis, Rosa, Gelb, Lila, Orange und Blau

1 Lege zwei grüne Gummiringe auf die Häkelnadel.

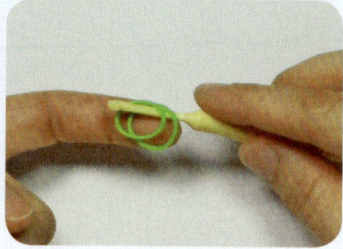

2 Ziehe ein weiteres grünes Gummipaar über deinen linken Zeigefinger und greife es mit der Häkelnadel.

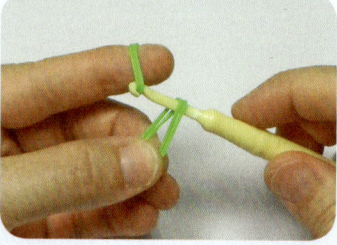

3 Ziehe das eine Ende der Gummis mit der Häkelnadel durch beide Schlingen der Gummis auf der Nadel.

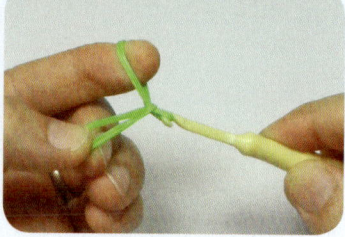

4 Greife das andere Ende des Gummipaars, das auf deinen Fingern liegt ...

5 ... und hebe es auf die Häkelnadel.

6 Führe die beiden linken Schlingen auf der Häkelnadel durch die beiden rechten und ziehe den entstandenen Knoten fest.

7 Nimm den ersten Gummi der Farbfolge (rot) und wickle ihn vierfach um die Häkelnadel.

8 Nimm nun wieder deine verknoteten grünen Gummis und greife eine der beiden Schlingen rechts vom Knoten mit der Häkelnadel.

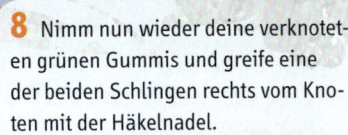

9 Schiebe den roten Vierfachgummi ...

10 ... auf die grüne Schlinge.

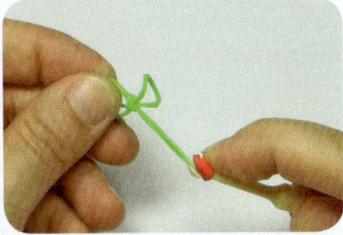

11 Greife die zweite Schlinge rechts vom Knoten und lege sie ebenfalls auf die Häkelnadel.

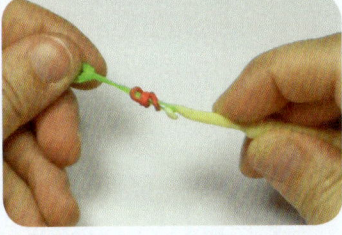

12 Nimm ein neues grünes Gummipaar ...

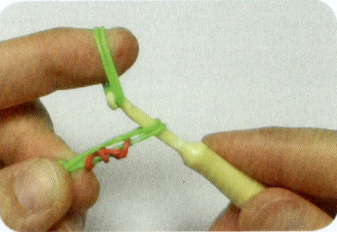

13 ... und führe es durch die beiden grünen Schlingen auf der Nadel.

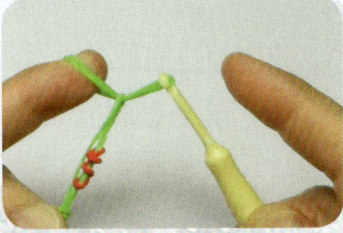

14 Lege die Enden auf die Nadel, ...

15 ... führe die beiden linken Schlingen durch die rechten und ziehe den Knoten fest.

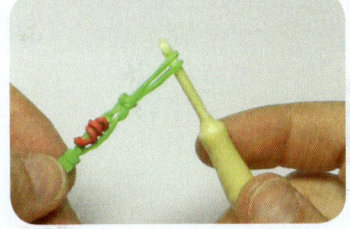

16 Beginne mit einem türkisfarbenen Gummi bei Schritt 7 und lege ihn vierfach um die Häkelnadel. Wiederhole die Schritte 7–15 in der Farbfolge, bis alle Gummis verbraucht sind.

17 Verbinde die Anfangs- und Endschlingen mit einem Verschluss-Clip.

KÜHNE KORDEL

FÜR TRENDY GIRLS

DAS BRAUCHST DU: je 25 Gummiringe in Neon-Orange und Neon-Lila • Verschlussclip • Gabel • Häkelnadel

1 Lege einen lilafarbenen Gummi von vorne nach hinten über Zinke 1, ...

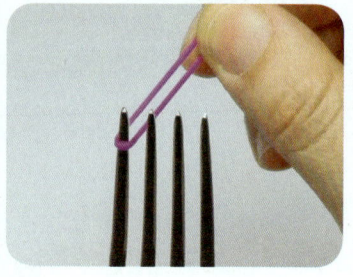

2 ... drehe den Gummi hinter der Gabel zu einer Acht ...

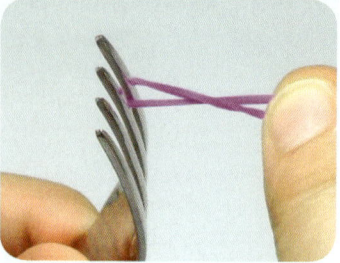

3 ... und hebe das andere Ende des Gummis auf Zinke 3. Der Gummi liegt hinter der Gabel in Form einer Acht.

4 Den nächsten Gummi in Orange legst du ebenfalls als Acht über die Zinken 2 ...

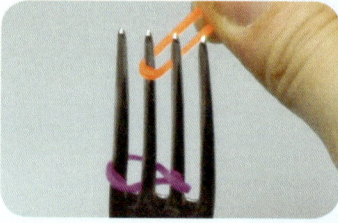

5 ... und 4.

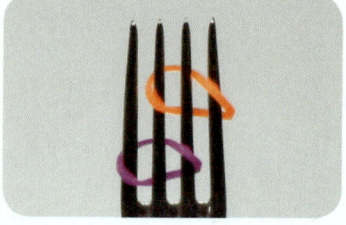

6 Ab jetzt werden die Gummis nicht mehr zur Acht gelegt. Lege nun einen lilafarbenen Gummi über Zinke 1 ...

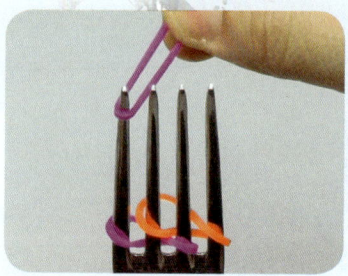

7 ... und führe ihn auf der Rückseite der Gabel zu Zinke 3.

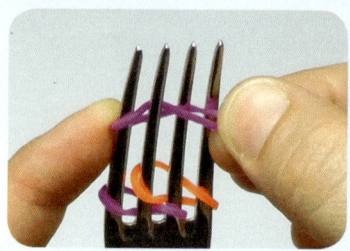

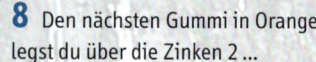

8 Den nächsten Gummi in Orange legst du über die Zinken 2 ...

9 ... und 4.

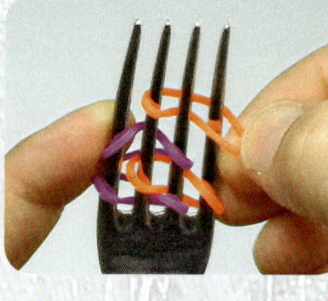

10 Greife mit der Häkelnadel den unteren lilafarbenen Gummi auf Zinke 1 ...

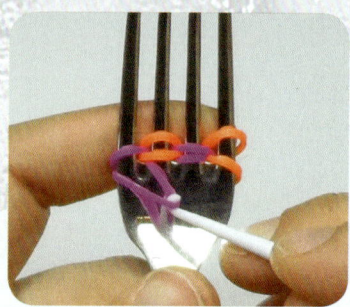

11 ... und hebe ihn über die Zinke. Dabei kannst du die Gummis auf der Rückseite der Gabel mit dem linken Zeigefinger festhalten, damit sie nicht von den Zinken rutschen.

12 Wiederhole die Schritte 10 und 11 jeweils mit den unteren Gummis auf den Zinken 2–4. Ziehe die Schlingen auf der Rückseite der Gabel straff nach hinten und halte sie mit dem linken Zeigefinger fest.

13 Nun wiederholst du die Schritte 6–12, bis alle Gummis verbraucht sind. Zum Beenden des Armbands hebst du den orangefarbenen Gummi von Zinke 2 …

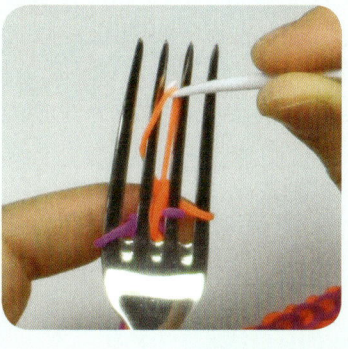

14 … auf Zinke 4 …

15 … und den lilafarbenen Gummi von Zinke 1 auf Zinke 3.

16 Hebe den jeweils unteren Gummi über die Zinke. Es liegt jetzt nur noch je ein Gummi auf den Zinken 3 und 4.

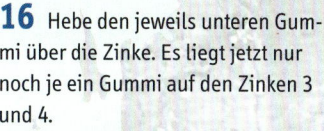

17 Hebe den Gummi auf Zinke 3 auf die Zinke 4. Hake die beiden Gummis auf der Gabel in die eine Seite des Verschlusses und die beiden Schlingen des Anfangsgummis in die andere Seite ein. Showtime!

FETT!

Du kannst das Armband auch aus Gummipaaren (jeweils zwei Gummis) knüpfen. Dadurch wird dein Armband dicker und stabiler. Du brauchst dafür die doppelte Anzahl Gummis.
Für diese Farbvariante legst du deine Gummis in dieser Farbfolge: türkis + weiß, pink + grün, weiß + türkis, grün + pink.

BUTTERFLY

BUNTE RINGE

CHECK IT OUT!
Du kannst pro Flügel bis zu drei verschiedene Farben wählen.

DAS BRAUCHST DU: je 4 Gummiringe in Grün, Petrol und Rot • 3 Gummiringe in Schwarz • Häkelnadel • Armband • UHU Alleskleber Super

1 Knüpfe die Schritte 1–4 der Blume (siehe S. 60, Summer-Feeling) mit den schwarzen Gummiringen und löse die Nadel aus den Gummis. So sollte es jetzt aussehen:

2 Greife je eine Schlinge pro Seite (Achtung: Die beiden Schlingen müssen zu demselben Gummi gehören!) mit dem Haken deiner Nadel ...

3 ... und ziehe die linke Schlinge durch die rechte. Nachdem du sie festgezogen hast, löst du die Nadel aus der Schlinge.

4 Lege die beiden anderen Schlingen auf die Nadel ...

5 ... und ziehe wieder die linke durch die rechte Gummischlinge. Löse nach dem Festziehen der Schlinge die Nadel aus dem Gummi.

6 Der Kopf ist jetzt fertig. Lege ihn zur Seite und knüpfe die Flügel.

7 Dafür nimmst du einen grünen Gummiring und wickelst ihn dreifach um die Häkelnadel.

8 Nun nimmst du je einen Gummi in Petrol und Rot und greifst die beiden Enden mit dem Haken der Häkelnadel. Schiebe die Schlingen mit dem Zeigefinger der rechten Hand von der Nadel auf das Gummiringpaar.

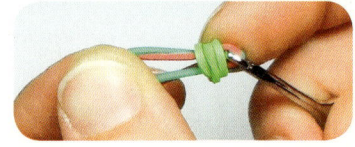

9 Lege das andere Ende des Gummiringpaars ebenfalls über die Häkelnadel und schiebe den Flügel nach hinten auf den Griff der Nadel.

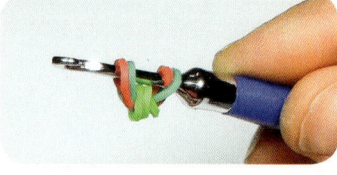

10 Wiederhole die Schritte 7–9 drei Mal. Du hast dann vier Flügel auf der Häkelnadel.

11 Ziehe die eine Schlinge des Kopfes auf deinen linken Zeigefinger und hake das andere Ende in die Häkelnadel ein.

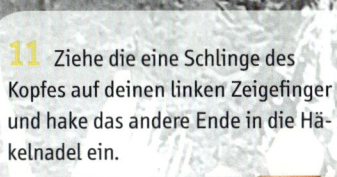

12 Schiebe alle Flügel nacheinander mit dem rechten Zeigefinger auf den schwarzen Gummi.

13 Lege die Schlinge vor dem ersten Flügel ...

14 ... auf die Häkelnadel.

15 Jetzt greifst du die rechte schwarze Schlinge und ziehst sie über den Kopf, die Fühler und den Haken der Nadel. So entsteht eine Schlinge, die die Flügel am Kopf festhält.

16 Schneide die Fühlerschlinge in der Mitte mit einer Schere auf.

17 Befestige die Schmetterlinge mit Kaltkleber auf Ohrringen oder mit Schlingengummis an Kautschuk-Armbändern.

PARTYQUEEN

KOMPLETT CRAZY!

DAS BRAUCHST DU: 58 Gummiringe in Weiß • 40 Gummiringe in Neon-Orange • je 28 Gummiringe in Türkis und Neon-Lila • Verschlussclip • Doppelgabel • Häkelnadel

1 Lege einen weißen Anfangsgummi in Form einer Acht über alle Zinken der Doppelgabel.

2 Spanne je einen Gummi in Weiß von 1V nach 1H und 4V nach 4H und ein Gummipaar in Türkis von 2V/3V nach 2H/3H.

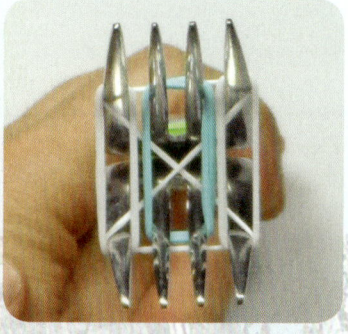

3 Nun hebst du den unteren weißen Gummi auf der vorderen Gabel über die Zinken in die Mitte der Doppelgabel, drehst die Gabel um und wiederholst diesen Schritt.

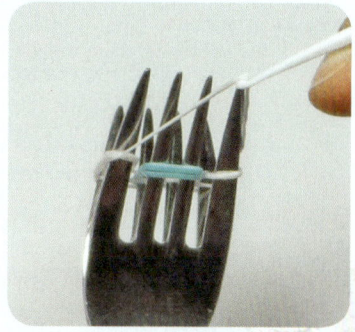

4 Spanne einen Gummi in Orange doppelt über alle Zinken der vorderen Gabel.

5 Spanne je einen Gummi in Weiß von 1V nach 1H und 4V nach 4H und ein Gummipaar in Lila von 2V/3V nach 2H/3H.

6 Hebe den doppelten Gummi in Orange über die Zinken der vorderen Gabel in die Mitte der Doppelgabel.

7 Dann hebst du die unteren Gummis (weiß, 2x türkis, weiß) auf der vorderen Gabel nacheinander über die Zinken, drehst die Gabel um und wiederholst diesen Schritt.

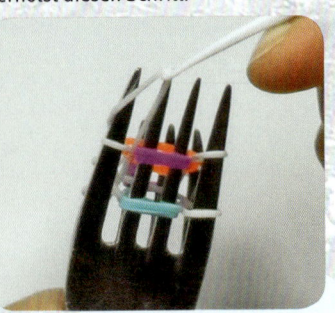

8 Lege ein Gummipaar in Orange über alle Zinken der vorderen Gabel.

9 Spanne je einen Gummi in Weiß von 1V nach 1H und 4V nach 4H und ein Gummipaar in Türkis von 2V/3V nach 2H/3H (siehe Foto Schritt 2). Hebe die orangefarbenen Gummis auf der vorderen Gabel über die Zinken in die Mitte der Doppelgabel.

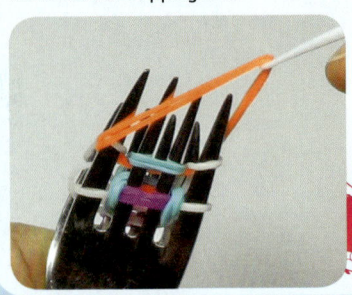

10 Dann hebst du die unteren Gummis (weiß, 2x lila, weiß) auf der vorderen Gabel nacheinander über die Zinken, drehst die Gabel um und wiederholst diesen Schritt.

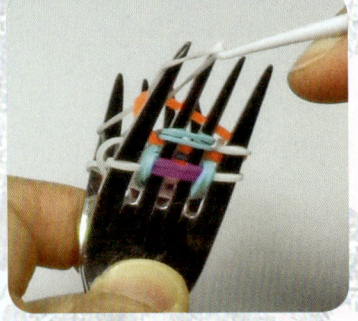

11 Wiederhole die Schritte 4–10, bis alle Gummis verbraucht sind. So sieht deine Gabel jetzt aus:

12 Zum Beenden des Armbands hebst du die Gummis auf den Zinken der vorderen Gabel nacheinander auf die Zinken der hinteren Gabel, also 1V nach 1H, 2V/3V nach 2H/3H und 4V nach 4H.

COOLES COLLIER!
Mach dir mit derselben Technik eine passende Halskette.

13 Drehe die Gabel um und hebe jeweils den unteren weißen Gummi auf 1V und 4V über die Zinken.

14 Hebe die beiden unteren lilafarbenen Gummis auf 2V/3V über die Zinken.

15 Hebe die Gummis von 1V und 4V nacheinander auf 2V/3V.

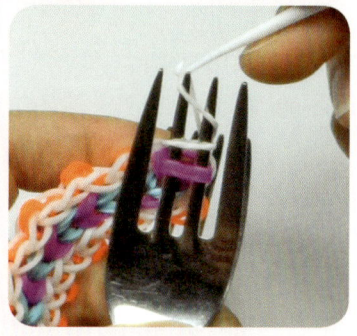

16 Dann hebst du die lilafarbenen Gummis auf 2V/3V über die Zinken.

17 Hake die beiden Schlingen auf der Doppelgabel in die eine Seite des Verschlusses und die zwei Schlingen des Anfangsgummis in die andere Seite ein. Voilà!

FÜR FANS

HOFFEN, FIEBERN, JUBELN, FEIERN

DAS BRAUCHST DU: je 18 Gummiringe in Rot und Grün • je 15 Gummiringe in Gelb und Schwarz • Verschlussclip • Doppelgabel • Häkelnadel

FARBFOLGE (Dreiergummis): rot, gelb, schwarz

Die roten, gelben und schwarzen Gummis werden immer als Dreiergummis (also drei zusammen), die grünen einzeln gelegt.

1 Lege einen grünen Anfangsgummi in Form einer Acht über alle Zinken der Doppelgabel.

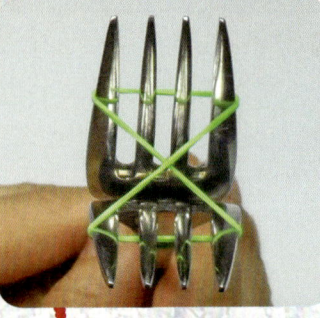

2 Als Nächstes legst du drei rote Gummis über alle Zinken der vorderen Gabel.

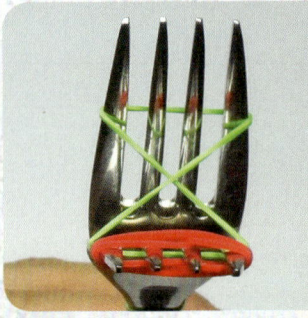

3 Jetzt legst du einen grünen Gummiring (ab jetzt werden die grünen Gummis nicht mehr in Form einer Acht gelegt!) über alle Zinken der vorderen Gabel und ziehst ihn über die Zinken der hinteren Gabel.

4 Greife die drei roten Gummis mit den Fingern und hebe sie über den unteren grünen Gummi nach unten. Halte sie mit deinem linken Daumen fest.

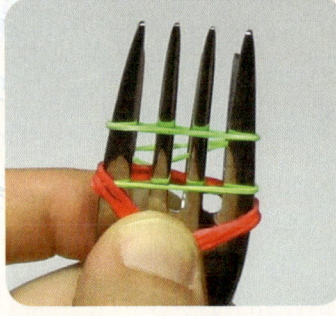

5 Ziehe den unteren grünen Gummi nach oben und hebe ihn über die Zinken der vorderen Gabel in die Mitte der Doppelgabel.

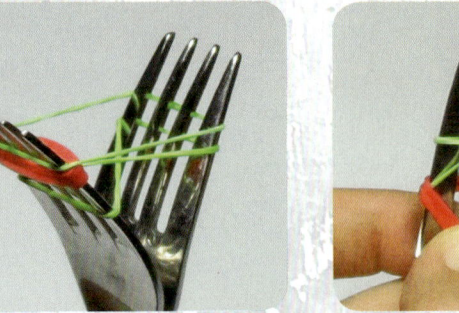

FAN!
Wähle die Dreiergummis doch in Länder- oder Vereinsfarben. So schlägt dein Herz!

6 Drehe die Doppelgabel um und hebe den unteren grünen Gummi über die Zinken. Deine Gabel sieht jetzt so aus:

7 Drehe die Gabel wieder um. Jetzt legst du drei gelbe Gummis über die Zinken der vorderen Gabel und anschließend einen grünen Gummi über alle Zinken der beiden Gabeln.

8 Greife die drei gelben Gummis und hebe sie über alle auf der Gabel liegenden Gummis nach unten. Halte sie mit dem linken Daumen fest.

9 Greife den unteren grünen Gummi und hebe ihn über die Zinken der vorderen Gabel.

10 Danach hebst du die drei roten Gummis ebenfalls über die Zinken der vorderen Gabel in die Mitte.

11 Drehe die Doppelgabel um und hebe den unteren grünen Gummi über die Zinken. Drehe die Gabel wieder zurück. Lege drei schwarze Gummis über die Zinken der vorderen Gabel und danach einen grünen Gummi über alle Zinken der Doppelgabel.

12 Greife die drei schwarzen Gummis und hebe sie über alle auf der Gabel liegenden Gummis nach unten. Halte sie mit dem linken Daumen fest. Hebe zuerst den unteren grünen ...

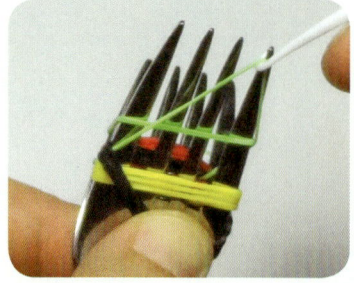

13 ... und dann die drei gelben Gummis über die Zinken der vorderen Gabel.

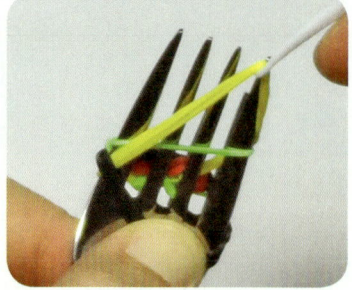

14 Drehe die Doppelgabel um und hebe den unteren grünen Gummi über die Zinken. Drehe die Gabel wieder zurück. Lege zuerst drei rote Gummis über die Zinken der vorderen Gabel und dann einen grünen Gummi um alle Zinken der Doppelgabel.

15 Greife die drei roten Gummis und hebe sie über alle auf der Gabel liegenden Gummis nach unten. Halte sie mit dem linken Daumen fest. Hebe zuerst den unteren grünen...

16 ... und dann die drei schwarzen Gummis über die Zinken der vorderen Gabel. Drehe die Doppelgabel um und hebe den unteren grünen Gummi über die Zinken.

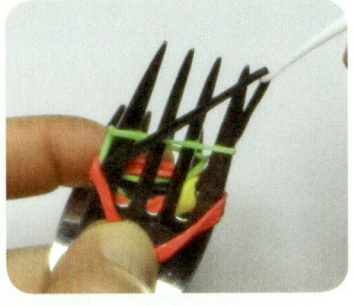

17 Wiederhole die Schritte 7–16, bis nur noch ein grüner Gummi übrig ist. Zum Beenden des Armbands legst du diesen Gummi über alle Zinken der Doppelgabel.

18 Hebe den roten Dreiergummi auf der vorderen Gabel über die Zinken.

19 Hebe den unteren grünen Gummi, sowohl auf der vorderen, als auch auf der hinteren Gabel, über die Zinken.

20 Hebe den grünen Gummi auf der vorderen Gabel auf alle Zinken der hinteren Gabel. Hake die beiden Schlingen in die eine Seite des Verschlussclips und die beiden Schlingen des Anfangsgummis in die andere Seite ein.

SUMMER-FEELING

BLÜTEN-SPÄNGCHEN

DAS BRAUCHST DU: 30 Gummiringe in Lila • 2 Gummiringe in Gelb • Häkelnadel • ggf. Haarspange oder Ringrohling • UHU Alleskleber Kraft

1 Wickle einen lilafarbenen Gummiring dreifach um die Häkelnadel.

2 Greife das eine Ende eines lilafarbenen Gummiringpaars mit dem Haken der Häkelnadel ...

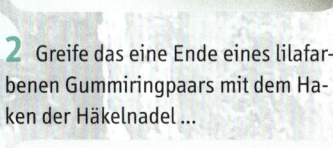

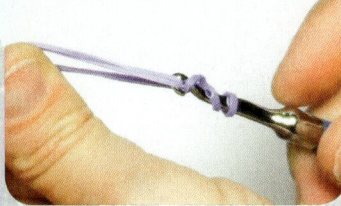

3 ... und schiebe die Schlingen mit dem Zeigefinger der rechten Hand ...

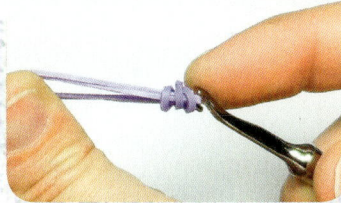

4 ... von der Nadel auf die Gummiringe.

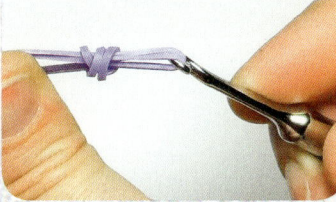

5 Lege das Ende des Gummiringpaars ebenfalls auf die Häkelnadel.

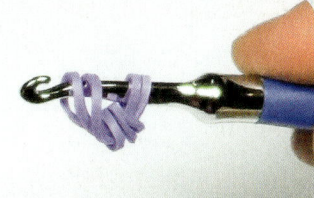

6 Greife noch ein lilafarbenes Gummiringpaar und wiederhole Schritte 2–6. Das erste Blütenblatt ist fertig. Schiebe es auf der Häkelnadel auf den Griff ...

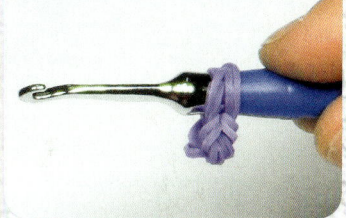

7 ... und knüpfe fünf weitere Blütenblätter auf dieselbe Weise. Alle lilafarbenen Gummis sind nun verbraucht.

8 Greife ein Ende eines gelben Gummirings mit der Häkelnadel.

9 Schiebe alle Blütenblätter mit dem rechten Zeigefinger nacheinander auf den gelben Gummiring.

10 Damit du das linke Ende des gelben Gummis nicht verlierst, kannst du es auf deinen linken Zeigefinger spannen. Wenn alle Blätter auf dem Gummiring liegen, hebst du die linke Schlinge von deinem Zeigefinger ...

11 ... ebenfalls auf die Häkelnadel.

12 Führe die linke Schlinge auf der Nadel durch die rechte Schlinge und ziehe die entstandene Schlinge fest.

13 Löse die Schlinge von der Häkelnadel und schiebe drei Blütenblätter hindurch.

14 Nun legst du den zweiten gelben Gummiring von vorne in den nächsten Zwischenraum, ...

15 ... verkreuzt den Gummi auf der Rückseite der Blume und hebst den Gummi wieder zurück auf die Vorderseite in den letzten Zwischenraum.

16 Klebe eine Blume mit Kompaktkleber auf einen Ringrohling, eine Brosche oder eine kleine Haarspange. Deine Freundinnen werden dich ja so beneiden!

CHECK IT OUT!

Für die Blütenblätter kannst du bis zu drei verschiedene Farben verwenden und auch die Farbe der Blütenmitte lässt sich verändern. Damit kannst du tolle Effekte erzielen. Welche Farbkombination gefällt dir am besten?

Impressum

Unser Service für Sie

Wenn Sie Fragen zu den Anleitungen in diesem Buch haben, schreiben Sie uns einfach eine E-Mail an: info@dmv-kreativ.de. Wir helfen Ihnen gerne weiter.

MODELLE UND ARBEITSCHRITTFOTOS: Heike Roland und Stefanie Thomas
FOTOS: lichtpunkt, Michael Ruder, Stuttgart
DRUCK UND BINDUNG: FIRMENGRUPPE APPL, aprinta druck, Wemding

Genehmigte Sonderausgabe
DMV Daten- und Medien-Verlag
Beteiligungs-GmbH
Römerstraße 4
86438 Kissing

1. Auflage 2014   ISBN: 978-3-945633-04-5